アイラップ。のトリセツ

生活が変わる！　魔法のポリ袋

山と溪谷社

はじめに

　愛され続けて半世紀。便利で使いやすい「袋のラップ」、アイラップ。
　アイラップは、1976年に日本初の家庭用の箱入りポリ袋として誕生しました。
　みなさん、アイラップは好きですか？
　アイラップは高密度ポリエチレン製で、清潔で防湿性に優れ、－30度〜＋120度に耐えられる性能はもちろん、レトロなオレンジと黄色を主体とした箱のデザインもとても人気ですよね。
　この本は、みなさんにアイラップの全容をお伝えし、よりアイラップとの毎日を楽しんでいただくためにつくられた、「アイラップのトリセツ」です。
　この一冊があれば、さらにさまざまな生活のシーンでお役立ちいただけるとともに、アイラップのことをより深く知っていただくことができます。
　この本が、みなさんのアイラップライフをより楽しんでいただける一助となることができましたら、これほど嬉しいことはありません。

　アイラップ、大好き！

アイラップ愛好会

002	はじめに
008	アイラップの基本
010	アイラップ 基本の4つの使い方
011	アイラップのNGな使い方
012	アイラップ関連商品
012	アイラップホルダー
014	アイラップケース
015	おにぎりぽっけ
016	アイラップ100 なんでもシート アイラップ スライドジッパーNEO アイラップ WジッパーNEO

PART 1 アイラップ活用テクニック
I WRAP TECHNIQUE

017

[調理・保存のテクニック]

018	NO.01	簡単!もみ込みと密着で時短漬物調理する方法
019	NO.02	野菜の「いろどりを失わず」に電子レンジ調理する方法
020	NO.03	常備菜、副菜も省略しないで献立を豪華にする方法[ナムル編]
021	NO.04	煮沸消毒の手間なくおしゃれピクルスを作る技術[チーズ編]
022	NO.05	イガイガした里芋の皮もするんとむける技術
023	NO.06	ゆで卵を使わずに、時短でおいしい「卵サラダ」を作る方法 [ブロッコリーの卵サラダ編]
024	NO.07	とうもろこし1本を半分に折らずにおいしく蒸す技術
025	NO.08	アイラップで「まとめ湯せん調理」する方法
026	NO.09	ほかほか甘い「蒸しさつまいも」を10分で作る技術
027	NO.10	一度の下ごしらえで「ヘルシー蓮根ハンバーグ」を作る技術
028	NO.11	毎日の献立、お弁当に!いろどりと栄養を簡単に加える方法
029	NO.12	疲れた週末のビールのつまみに、5分で気の利いた塩枝豆を用意する方法
030	NO.13	常備して安心!アイラップの冷蔵・冷凍保存テクニック
031	NO.14	筋肉量と美容を気遣いながらダイエットを成功させる方法
032	NO.15	煮くずれなく電子レンジで「ほっこりかぼちゃ煮」を作る技術
033	NO.16	応用力は無限大?簡単10分でポテトサラダを作る方法
034	NO.17	アイラップの真空調理で「最高の肉じゃが」を作る技術
035	NO.18	好きな具材で「ふわふわはんぺん焼き」を作る方法

036	NO.19	巻く工程一切ゼロで、ぷるふわの「だし巻き卵」を作る方法
037	NO.20	時短で豆乳春雨のスープジャーランチを楽しみ、洗い物を軽減する方法
038	NO.21	ぷるぷるで柔らかな「照り焼きチキン」を作る方法
039	NO.22	真空下味調理＆冷凍保存でいつでもおいしい「コチュジャンマヨ肉」が食べられる技術
040	NO.23	特別な日にピッタリ。しっとり本格的な「ローストビーフ」を作る技術
041	NO.24	下味しっかり！おいしい「唐揚げ」を作る技術
042	NO.25	粉まぶしも簡単＆さっくりを実現！さっくりおいしい「豚カツ」を作る技術
043	NO.26	アイラップでおいしい「ミートボールスープ」を作る方法
044	NO.27	魚の煮付けも臭みなくふっくら。「しみしみ料亭の味」にする技術
045	NO.28	好きな肉で七色の料理を作る方法
046	NO.29	「ほったらかし」で本格的でしっとりおいしいチャーシューを作る方法
047	NO.30	余った煮汁をムダにしないで「煮卵」を作る漬け込み調理の技術
048	NO.31	ダイエット、おやつに最適な「豆腐ナゲット」を10分で作る簡単裏技
049	NO.32	袋のラップ、アイラップ。防湿性に優れているので、作り置き調理にも安心！
050	NO.33	コラーゲンたっぷりの人気料理！「ポッサム」をパサつきなく調理する技術
051	NO.34	ほうれん草のアク抜きも、アイラップ1枚で完遂できる裏技
052	NO.35	部屋への匂い移りの心配も解消！ヘルシーな「豚キムチ」を作る裏技
053	NO.36	湯せん調理15分！「ヤンニョムソース」をいつでも楽しむ方法
054	NO.37	忙しい日のランチも10分で作れる！「簡単油うどん」を作る方法
055	NO.38	冷めてもおいしくてジューシー！簡単「鶏マヨ」を作る方法
056	NO.39	好きなソースも1人分ずつ簡単調理！まとめて保存する方法
057	NO.40	もちもち！炊飯器いらずで「中華おこわ」を鍋とアイラップ1枚で作る裏技
058	NO.41	時短でミニマム調理！パスタをアイラップ1枚で作る方法 ❶ ［ カルボナーラ編 ］
059	NO.42	時短でミニマム調理！パスタをアイラップ1枚で作る方法 ❷ ［ 和風パスタ編 ］
060	NO.43	横文字献立も、こなれ映え調理する ❶ 遊びに来た友達に、おしゃれ多国籍料理をすまし顔で出す方法
061	NO.44	横文字献立も、こなれ映え調理する ❷ 恋人が遊びに来ても、まずはオイル煮どうぞって得意顔で言える方法
062	NO.45	映えておいしい！簡単「ロゼトッポギ」を作る方法
063	NO.46	あったかまろやか。柔らか具材の「クリームシチュー」を作る方法
064	NO.47	かたまりチーズもアイラップでパラパラに？くっつきにくい保存術

［ アイラップで作る デザートテクニック ］

065	NO.48	アイラップ1枚で1つのプリン！まるで喫茶店のおいしい「硬めプリン」を作る方法
066	NO.49	忙しい朝にも大活躍！時短と洗い物削減で「ふわふわ・らくらく・幸せ蒸しパン」2種を作る方法

067	NO.50	中秋の名月に。つるんとおいしい「お月見団子」を誕生させる方法
068	NO.51	フランス人もびっくり！とろとろ「フレンチトースト」を作る方法
069	NO.52	余りやすいバナナを救済して「バナナマフィン」に変身させる方法
070	NO.53	1月の余ったお餅を救済して「甘じょっぱおかき」を作る方法
071	NO.54	ローリングストックに最適な乾パン消費術！❶ 余って困る「乾パン」を「チョコクランチ」に変身させる方法
072	NO.55	ローリングストックに最適な乾パン消費術！❷ 「乾パンのタルト生地」でおいしいチーズケーキを作る技術
073	NO.56	アイラップでカラフルな「オリジナルアイス」を作る方法

[おにぎりぽっけ 活用テクニック]

074	NO.57	毎日のランチ作りを簡単・おいしく！「おにぎりぽっけ」の活用方法
075	NO.58	「おにぎりぽっけ」でコミュニケーションを育む方法
076	NO.59	「おにぎりぽっけ」でドーナツをスマートなランチにする方法
077	NO.60	夏の暑い日におすすめ！溶けたソフトクリームから手を守る方法

[暮らしの知恵 活用テクニック]

078	NO.61	アイラップで「こげ・汚れ・手荒れを消す」生活の技
079	NO.62	お弁当箱を匂い移りから守る。主婦の声から生まれた、「なんでもシート」を生活のなかで活用する方法
080	NO.63	災害時、急なケガや発熱、熱中症に！アイラップの「応急用氷のう」の作り方

PART 2 アイラップレシピ
I WRAP RECIPE

081

- 082　アイラップの冷蔵・冷凍
- 083　アイラップの保存（下ごしらえ）調理
- 084　アイラップの電子レンジ調理
- 086　アイラップの湯せん調理
- 088　アイラップ【公式】中の人 アイラップの軌跡インタビュー
- 089　PART 2　レシピページの使い方

[常備菜]

- 090　いろいろ浅漬け
- 092　いろいろ浅漬け アレンジ❶　豚肉のお漬物炒め
- 093　いろいろ浅漬け アレンジ❷　ぽりぽり 漬物納豆
- 094　いろいろトマトのはちみつマリネ
- 095　いろどりナムル

副菜

- 096 超シンプルポテトサラダ
- 098 超シンプルポテトサラダ アレンジ❶ 明太ポテトグラタン
- 099 超シンプルポテトサラダ アレンジ❷ まぜまぜポテサラ
- 100 ブロッコリーのチーズ和え
- 101 すき焼き風肉豆腐
- 102 里芋の胡麻よごし
- 103 ナスのねぎ黒酢がけ
- 104 自家製ツナ
- 105 キノコのアーリオオーリオ

メイン

- 106 しっとり茹で鶏
- 108 しっとり茹で鶏のアレンジレシピ❶ 茹で鶏の柑橘ねぎだれ
- 109 しっとり茹で鶏のアレンジレシピ❷ バンバンジー
- 110 こっくり鯖みそ
- 111 赤ワインの煮込みハンバーグ
- 112 ローストビーフ
- 113 ほったらかしチャーシュー
- 114 ポッサム ［韓国風茹で豚］
- 115 ガリッと唐揚げ
- 116 魚介のオイル煮
- 117 タンドリーチキン

主食

- 118 中華おこわ
- 119 バターチキンカレー
- 120 チキンライス　茹で卵のせ
- 121 ベーコンアラビアータ

デザート

- 122 かぼちゃ餅
- 123 フローズンヨーグルトみかん
- 124 チョコチビスコーン
- 125 アイラップリン

- 126 PART 2　食材別 INDEX
- 127 おわりに

アイラップの基本

**変わらぬレトロな
パッケージと三角形が特徴の
マチ付きポリ袋です。**

清潔だから安心して使えます
日本食品分析センターの検査に合格。
食品衛生法上、安心してお使い頂けます。

食品をみずみずしく保ちます
防湿性に優れているので
食品の新鮮さはそのままです。

冷凍庫などで幅広く活躍します
冷蔵・冷凍庫や電子レンジ、熱湯ボイルにと
便利に使えて大活躍です。

ワンタッチで取り出せます
コンパクトで便利な三角パッケージ入り。
最後の一枚まで、簡単に取り出せます。

食品包装がラクにできます
マチ付きの袋だからそのまま包めて
手間が省けます。

いろいろな使い道があります
食品以外でも、氷のうや急場の手袋代わりなど
アイデア次第で、用途がグーンと広がります。

環境保護に配慮しています
燃やしても
有毒ガスは発生しません。

I WRAP BASICS **1**

縦 約95mm
横 約210mm
マチ 約80mm
取り出しやすい！

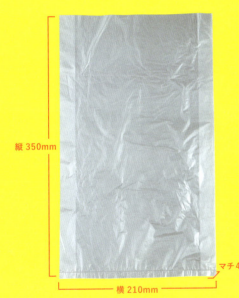

縦 350mm
横 210mm
マチ 40mm

[使用例]

マチもあって便利！

[基本スペック]

ポリエチレン製・60枚入り・マチ付き・フィルムの厚さは0.009mm

[耐冷・耐熱温度]

－30度〜＋120度まで

[特徴]

薄手なのに軽くて丈夫で、1枚あたり3〜4円ほどとコストパフォーマンスもよい。特に、食品を冷凍するときに使え、そのまま電子レンジや湯せんで解凍調理できるなど、さまざまな使い方で料理を手軽にしてくれる。

アイラップミニ

[基本スペック]

110 × 250 × 40mm
ポリエチレン製・30枚入り・マチ付き・フィルムの厚さは0.009mm

[特徴]

小分け保存に適しており、1人分ずつ解凍できる。食パン1枚にジャストフィットサイズで冷凍保存に人気。

009

I WRAP BASICS **2**

アイラップ 基本の4つの使い方

ここでは、アイラップでできる基本となる4つの使い方を写真とともに紹介します。基本をマスターすることで、さまざまな保存や調理に役立てることができます。

詳しくは、P.82〜87へ!

食品の冷凍・冷蔵保存に

アイラップは防湿性に優れた清潔な家庭用の袋のラップ。−30度までの耐冷に耐え、だからこそ安心して冷蔵・冷凍保存ができます。調理後の食材は、しっかりと冷ましてから。

食品の保存に

アイラップは食材を小分けにする保存はもちろん、和える・混ぜる・もみ込むなどのさまざまな保存(下ごしらえ)調理を得意としています。真空での保存もおすすめです。

電子レンジでの解凍に

電子レンジ調理では、時短や野菜のいろどりを保った調理ができます。袋の口を結ばない、耐熱皿を敷く、油分の多い食材は使わない、の基本を守りながら調理しましょう。

熱湯での解凍・温めに

湯せん調理では、袋の中でゆっくりと熱が加わるので、特に肉や魚はジューシーに、しっとりと中まで柔らかい調理ができます。調理のときは、必ず鍋底に耐熱皿を敷きます。

アイラップのNGな使い方

アイラップを安心・安全に使用するためには、必ず守らなければいけない決まりについて、詳細な写真とともにわかりやすくお伝えします。

推奨している調理器具以外での使用

炊飯器での使用は蒸気口を塞ぐことによりフタが飛ぶ（爆発する）、オーブンやトースターでの使用は、耐熱温度の120度を超えてしまうなど、大変危険なのでNGです。

耐熱皿を敷かない使用
（湯せん・電子レンジ料理）

耐熱皿を敷かないと、電子レンジ調理では穴があいてしまったときに内容物がこぼれる、湯せん調理では袋が溶けるなどで、やけどや事故の危険があります。

電子レンジでの使用で袋の口を縛る、密閉する

電子レンジ調理の際は、袋の口を結んだ使用は絶対にNGです。口を結ぶと中の水気が温まり、発生した蒸気が逃げ道をなくして袋が膨らみ爆発してしまう危険があります。

油が多い食材を電子レンジで加熱する

電子レンジ調理の際は、加熱することで120度を超えてしまう可能性のある沸点の高い塩分や糖分、油の入った調味料や肉類を入れての使用は絶対にNGです。

アイラップ関連商品

さまざまな調理補助を行なえるものや、ケースやおにぎり用、シート、ジップタイプなど、アイラップとともに備えておくと便利な仲間たちを紹介します。

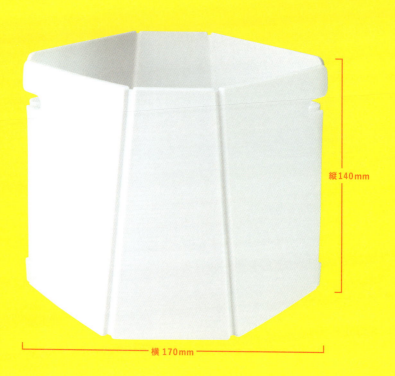

縦140mm
横170mm

1 アイラップホルダー
分解できて、コンパクトに収納できる！

[基本スペック]
約幅230×奥行140×高さ20mm（収納時）
約幅170×奥行140×高さ140mm（組立時）

[特徴]
アイラップ家庭用60、または100の専用ホルダー。食材を投入して使用したり、アイラップをセットして電子レンジで加熱したり、食材をつぶしたりでき、使用しないときはコンパクトに分解、収納できます。

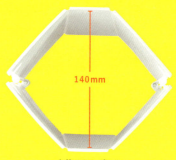

140mm

一人前のおかずにちょうどいいサイズ

I WRAP BASICS **4**

[いろいろな使用方法]

電子レンジでそのまま使える

※耐熱皿を必ず使用してください。

熱いものも、そのままつぶせる

分解して、洗える

用途はたくさん

むいた皮を入れる

切ったものを入れる

調理皿にもできる

アイラップホルダーを使った詳しいレシピは、P.96へ！

013

2 アイラップケース
横使い、縦使いも自在にできる！

縦 108mm
横 225mm
マチ 95mm

アイラップがすっぽり収まる

[基本スペック]
ポリエチレン製・60枚または100枚入り対応

[特徴]
アイラップがピッタリ収まる専用ケース。キッチンでいろいろ使えるアイラップを紙箱ごとセットして使います。ケースはソフト素材で手になじみ、シンプルでインテリアにもマッチします。

水を弾くからキッチンでも安心

縦・横に自在で収まりも◎

詰め替え簡単

I WRAP BASICS 4

3 おにぎりぽっけ
毎日ラクラクでおにぎりが楽しめる！

おにぎりぽっけ（本体）

[基本スペック]
ポリエチレン製・30枚入り・フィルムの厚さは0.009mm

[耐冷・耐熱温度]
−30度

[特徴]
ご飯を入れてシートごと握ると、三角のおにぎりが上手にできるおにぎり専用シート。素手でにぎらず衛生的で、そのままお弁当に持っていきやすい。アイラップと同じ素材のため電子レンジでの加熱ができ、もちろん冷凍後にも可能なので便利です。

おにぎりぽっけ（シール）

[基本スペック]
パルプ製・30枚入り

[特徴]
本体で包んだおにぎりを、このシールで留めることができます。シールに中身の具材やメッセージを書けるのも楽しめるポイント。

簡単3ステップ

1 シートにご飯を入れる
（器を使うとラクラク）

2 袋ごとにぎる

3 付属シールで留める
（メッセージをぜひ書いてください）

015

I WRAP BASICS **4**

4 アイラップ100　大容量エンボス加工タイプ

[基本スペック]
約300×450mm
ポリエチレン製・100枚入り・マチ付き・
フィルムの厚さは0.008mm

[特徴]
アイラップをエンボス加工したものがアイラップ100。サイズはアイラップと同じだが、100枚入りと大容量。エンボス加工をしていることで指がカサついていても取り出しやすく、袋をひらきやすい。入れたものがやや見えずらいので汚れ物入れとしても活躍する。

5 なんでもシート

[基本スペック]
約300×450mm
ポリエチレン製・50枚入り・
フィルムの厚さは0.015mm

[特徴]
においがつきやすいものや洗い物が大変になる食材をまな板で扱うときに、洗い物が楽になるようにと考案された、コシのあるフィルムのシート。「牛乳パックを切り開いたものの上にラップを敷く」などの主婦の知恵がヒントになっている。小さいサイズの「なんでもシートミニ」(約225×300mm／70枚入り)はハーフサイズのまな板を使っている家庭が多く、切って使っているなどの意見が多く寄せられたため、その後に作られた。

6 アイラップ スライドジッパーNEO

[基本スペック]
160×205mm（底マチ20mm）
ポリエチレン製・10枚入り・フィルムの厚さは0.06mm

[特徴]
下部にマチがありスタンドするので、液体を入れるのにも適したスライド式のジッパー付きバッグ。

7 アイラップ WジッパーNEO

[基本スペック]
約220×180mm
ポリエチレン製・15枚入り・フィルムの厚さは0.06mm

[特徴]
マチなしで、平たく食材を保存しておけるジッパータイプのアイラップ。ダブルジッパーでしっかり留まり、食材の漏れを防ぐ。冷蔵はもちろん、冷凍での使用も可能。

PART 1 アイラップ活用テクニック

I WRAP TECHNIQUE

アイラップを楽しみながらより深く知っていただける、さまざまなシーンで役立つ活用テクニックを紹介します。

※本章内で紹介の「電子レンジ調理」「湯せん調理」におけるアイラップの使用について。

原則の使用方法と同様、記載のない場合もすべて、電子レンジ調理の際は、袋の口を結ばずに耐熱皿を敷いて使用。湯せん調理の場合は、袋の中の空気を抜いてねじるようにして上のほうで結び、鍋底に(袋がじかに当たらないよう)耐熱皿を沈めて沸騰したお湯で湯せん調理を開始します。また、特に記載のない場合は、中火での湯せんとします。

I WRAP TECHNIQUE

NO. 01

簡単!
もみ込みと密着で
時短漬物調理する方法

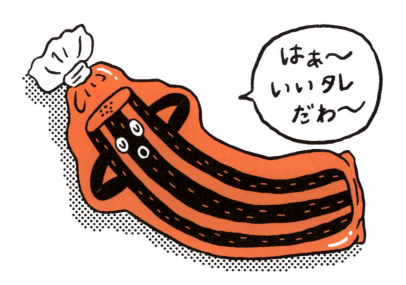

アイラップを使えば、時短で材料も少なく漬物調理ができます。作り方はアイラップに好きな野菜と調味料を入れてもみ込み、口を結んで30分から一晩ほど好みの漬かり加減に寝かせるだけ。ポイントは空気をしっかり抜いて袋の口を結ぶこと。こうすることで調味料と野菜の中の浸透圧が強く作用し、容器を使った調理よりも早く漬けることができます。調味料も材料に密着する量だけで作れるので、材料の節約にもなり、食べきらない場合はそのまま冷蔵保存ができます。

I WRAP TECHNIQUE

NO. 02

野菜の「いろどりを失わず」に電子レンジ調理する方法

野菜には多くの栄養素が含まれていますが、その多くに水に溶ける水溶性ビタミンやカリウム、マグネシウムなどがあります。せっかく野菜から栄養を摂ろうとしても、調理過程で栄養を逃してしまうのは避けたいですよね。アイラップの電子レンジ調理では、お湯でゆでずに調理ができるのでいろどりが損なわれにくく、栄養を逃しにくいのです。また、少ない加熱時間で調理ができるので、熱に弱い栄養素も失いにくいという利点があります。

I WRAP TECHNIQUE　　NO. 03

常備菜、副菜も省略しないで献立を豪華にする方法
[ナムル編]

野菜や根菜を加熱して油などの調味料と和えるナムルなどの副菜は、手間と洗い物の面倒さから、主菜の後回しにして献立から省いてしまいがち。ですが、アイラップなら1枚で加熱から調味料と和えての調理まで可能。たとえばピーマンのナムルであれば、種を抜いたピーマン5個を細切りにしてアイラップに入れ、湯せんか電子レンジ（500W）で1〜2分ほど加熱し、ごま油大さじ1、しょうゆ小さじ1〜2、塩少々、お好みでにんにく少々と炒りごまを加え、軽くもみ込めば完成です。もちろん、一度の調理で多めに作っておけば、そのまま保存ができます。

I WRAP TECHNIQUE

NO. 04

煮沸消毒の手間なく おしゃれピクルスを作る技術 [チーズ編]

オイル漬けやピクルスといえば、雑菌の繁殖やカビ防止のため煮沸消毒した瓶で漬けるイメージですが、アイラップは清潔で防湿性に優れているため、面倒な手間なくたった1枚に材料を入れるだけで調理が可能です。チーズピクルスであれば、アイラップにお好みのチーズ100g（2cmの角切り）、唐辛子1〜2本、オリーブオイルを全体にいきわたる量を入れ、空気を抜いて口を結び、冷蔵庫で一晩寝かせば完成。また、瓶と異なり少量で材料全体にオイルが馴染みやすく、冷蔵庫の中でかさばらずに保存調理ができます。

I WRAP TECHNIQUE

NO.
05

イガイガした
里芋の皮もするんと
むける技術

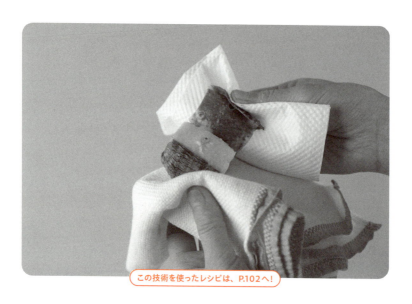

この技術を使ったレシピは、P.102へ！

　里芋は小さく、イガイガした皮をむくのも大変そうで、避けてしまいがちな食材ですが、アイラップ1枚で、簡単にホクホクに調理できるとともに、皮を簡単にむくことができます。まずは洗った里芋を包丁で中央にぐるっと一周切り込みを入れ、アイラップに入れて耐熱皿を敷いて電子レンジ（600W）で4分ほど加熱したら、熱いうちに布巾などで包んで皮をむくと、驚くほどするんと皮がむけます。アクも多い食材なので通常の鍋を使ってゆでる調理だと洗い物も面倒ですが、アイラップは袋を捨てるだけ。とても簡単です。

I WRAP TECHNIQUE　　NO. 06

ゆで卵を使わずに、時短でおいしい「卵サラダ」を作る方法
[ブロッコリーの卵サラダ編]

卵サラダを作るとき、ゆで卵のためだけにお湯を沸かして冷まして殻をむく……そんな手間をアイラップの電子レンジ調理では解消することができます。アイラップ1枚に食べやすい小房に分けたブロッコリー1/4株ほど、もう1枚に卵1〜2個を割り入れて軽くもみほぐし、袋の口を結ばずに耐熱皿を敷いて電子レンジ(600W)で1分〜2分ほど加熱します。加熱したら片方の袋に食材をまとめ、ツナ缶1缶(缶の油はお好みで入れて◎)、マヨネーズ、酢、塩・こしょうを適量加え、さらに袋の上からさっと和えれば完成です。

アイラップPOINT

応用で「卵サンド」を作りたいときは、最後にアイラップの袋の端をカットして、お好みのパンにしぼり出してサンドするだけで、手を汚さず、洗い物を増やさずにおいしいサンドイッチができます。

I WRAP TECHNIQUE

NO. 07

とうもろこし1本を半分に折らずにおいしく蒸す技術

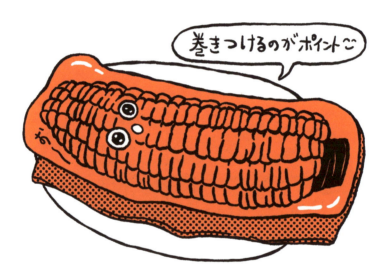

巻きつけるのがポイント😊

夏の旬野菜、とうもろこし。アイラップがあれば大きな鍋がなくとも、1本丸ごとを簡単に蒸し上げることができます。まずは皮をむいて洗い、軽く水を切ったとうもろこし1本をアイラップに入れ、全体を巻きつけるように包み、次に耐熱皿を敷いて電子レンジ（600W）で5分ほど加熱します。これだけでいろどりよく、粒が光る、蒸しとうもろこしが完成します。

I WRAP TECHNIQUE

NO. 08

アイラップで「まとめ湯せん調理」する方法

アイラップの湯せん調理では、一度の湯せんで食材、料理ごとのまとめ調理が可能です。献立の主食、主菜、副菜、デザートなどのまとめ調理はもちろん、下ごしらえしたい食材をまとめてゆでて冷蔵・冷凍保存しておくと、忙しい毎日の時短や洗い物削減に大変活躍します。また、災害時にも水を汚さずにまとめての炊飯やおかずの調理、温めが可能なので、防災バッグに一箱忍ばせておくととても安心です。

I WRAP TECHNIQUE　　NO. 09

ほかほか甘い 「蒸しさつまいも」を 10分で作る技術

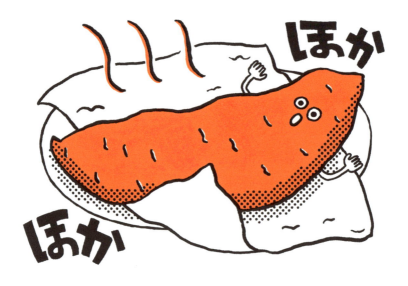

　秋の旬、さつまいも。気軽に丸ごと蒸したほかほかのさつまいもが食べたい……。そんな願いもアイラップ1枚で解決します。用意するのはアイラップ1枚と耐熱皿、そして、キッチンペーパーです。洗って軽く水を切ったさつまいもを濡れたキッチンペーパーで巻きつけるように包んでアイラップに入れたら、耐熱皿を敷いて電子レンジ（600W）で10分加熱。取り出して竹串がスッと通るまで柔らかくなったら完成です。

I WRAP TECHNIQUE

NO. 10

一度の下ごしらえで「ヘルシー蓮根ハンバーグ」を作る技術

蓮根は適度なでんぷんを含んで満腹感もあり、繊維質でおなかを整えてくれるヘルシーな根菜。ここでは、アイラップを使った蓮根のヘルシーなハンバーグと保存調理を紹介します。蓮根200gの皮をむいて5cm角に刻み、片栗粉大さじ1を入れて振り混ぜ、鶏ひき肉150g、木綿豆腐50gと酒大さじ1/2、塩少々加えて全体をもみ込み、すぐに全部のタネを食べる場合はこれをアイラップの中でお好みの大きさに複数個成型します。あとはそのまま湯せん調理しても、好きなソースの調味料などと煮込んでも◎。たくさん作って作り置きとして冷凍保存しておくと、好きなときに調理ができるので心強くて安心です。

― アイラップ POINT ―

食べ飽きないために、タネの入ったアイラップにトマト缶とウスターソースや、みりんと砂糖としょうゆ、コンソメと水などを各適量加え一緒に煮込んで湯せんすると、ソースで味の変化を楽しむこともできます。

I WRAP TECHNIQUE

NO. 11

毎日の献立、お弁当に！
いろどりと栄養を
簡単に加える方法

忙しい毎日を過ごしていたら、おかずもお弁当も茶色い見た目になっていた……そんな経験はないでしょうか？　かぼちゃやにんじんなどの緑黄色野菜には免疫力アップに役立つとされる、ビタミンAやC、カロテンなどが多く含まれており、いろどりもよいので頻繁に取り入れたい食材ですが、硬くて煮えるのに時間がかかります。アイラップの下ごしらえ調理では、まとめての湯せんや電子レンジ調理をして少し冷ませば、そのまま冷蔵・冷凍保存できるので、いつでも好きなときに取り出して使うことができます。小分けに保存ができるので、食材ロスも防げます。

I WRAP TECHNIQUE

NO. 12

疲れた週末のビールのつまみに、5分で気の利いた塩枝豆を用意する方法

アイラップなら簡単に塩枝豆が作れます。アイラップ1枚に食べたい量の枝豆を入れ、耐熱皿に乗せて口を結ばずにふんわりと巻いて電子レンジ（600W）で4分ほど加熱します。そこに塩少々を入れて袋を軽く振ったら、塩枝豆の完成です。袋に入れた状態で食べられるので、億劫な後片付けを気にすることなく、簡単に週末のビールを楽しめます。

I WRAP TECHNIQUE

NO. 13

常備して安心!
アイラップの
冷蔵・冷凍保存テクニック

アイラップは清潔で防湿性に優れ、そのまま保存するよりも鮮度を保ち、長持ちさせることができます。ポイントはできるかぎり袋の中の空気を抜いて結び、密閉状態にすること。また、－30度までの耐えられるので冷蔵保存ができ、ついつい買いすぎた食材のロスも防ぐことができます。また、冷蔵・冷凍保存した状態からそのまま電子レンジや湯せんでの調理ができるので、洗い物も削減でき、時短での調理が可能です。

I WRAP TECHNIQUE　　NO. 14

筋肉量と美容を気遣いながら
ダイエットを
成功させる方法

「しっとり茹で鶏」のレシピ、アレンジレシピは、P.106～109へ！

　ダイエットにはバランスのよい食事と運動が大切ですが、無理な食事制限や栄養価を考えないダイエットは、筋肉量や免疫力を下げ、健康によくありません。アイラップなら、ダイエット中の強い味方、低カロリーで高たんぱくな鶏肉を使った「茹で鶏」をしっとりとおいしく作ることができます。パサつかない秘訣は、アイラップだからこその余熱を使った湯せん・低温調理が可能であること。とても簡単にできるので、くわしいレシピをチェックしてくださいね。

I WRAP TECHNIQUE

NO. 15

煮くずれなく電子レンジで「ほっこりかぼちゃ煮」を作る技術

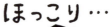

煮物を作るとき、油断していると鍋が焦げついていた、食材が硬くなった、煮くずれを起こした、そんな経験はありませんか？ アイラップは袋の中での調理だからこそ、そんな煮物の悩みも解決します。たとえば電子レンジを使った「かぼちゃ煮」では、一口大にカットしたかぼちゃ350〜400gをアイラップに入れ、耐熱皿を敷いて電子レンジ（200W）で12〜14分ほど袋の口を結ばずに加熱します。かぼちゃが熱いうちに、みりん大さじ2、砂糖大さじ1、しょうゆ小さじ1を入れ、いったん口を閉じ、袋の中で軽く上下左右に振って砂糖が溶けるくらいまで和えれば完成です。ポイントは低いワット数で加熱すること。そうすることででんぷんの糖への変化を促すことができ、かぼちゃの甘みを引き出し、しっとりホクホクに仕上げることができます。

I WRAP TECHNIQUE

NO. 16

応用力は無限大？
簡単10分で
「ポテトサラダ」を作る方法

超シンプルポテトサラダのレシピ、アレンジレシピは、P.96〜99へ！

子どもも大人も大好きなポテトサラダ。シンプルにそのまま食べたり、グラタンやコロッケのタネにするなど、さまざまなアレンジが可能な料理ですが、アイラップとアイラップホルダーを使うと、下ごしらえからレンジ調理、すりつぶしまでが1セットで可能です。アイラップホルダーを使うことで熱い状態でもすぐに均等なすりつぶしができるので、でんぷん質の粒がくずれず、ホクホクのおいしいポテトサラダが作れます。

アイラップの仲間

アイラップホルダー

アイラップホルダーはアイラップをぴったりセットした状態で電子レンジ調理ができる優秀なホルダー。分解してコンパクトに収納ができ、水洗いも簡単です。本体同士を挟んで食材をつぶすことができ、むいた野菜の皮を入れるなど、調理皿としても利用できます。防災時にアイラップとアイラップホルダーがあれば、皿の代用や雨水をためる容器としても役立ちます。

I WRAP TECHNIQUE

NO. 17

アイラップの真空調理で「最高の肉じゃが」を作る技術

一口大に切ったじゃがいも200g、にんじん50g、薄切りにした玉ねぎ50gと牛薄切り肉100g、めんつゆ（3倍濃縮）大さじ2〜3、水大さじ1をアイラップに入れ、袋の中を真空状態にします。やり方は簡単で、水を張ったボウルにアイラップに入れた食材を沈め、空気を押し出すように食材をなでて脱気をし、口をぐるぐるとねじって上のほうで結びます。そのあとは沸騰したお湯で20〜25分ほど湯せんをし、さらに火を止めてフタをし、10〜15分余熱を入れるだけ。真空調理にすることで、食材のうまみをぎゅっと閉じ込め、湿度を保ったまま湯せん調理ができるので、特に肉や魚はジューシーに、硬い根菜や芋類も柔らかく調理することができます。

NO. 18

好きな具材で「ふわふわはんぺん焼き」を作る方法

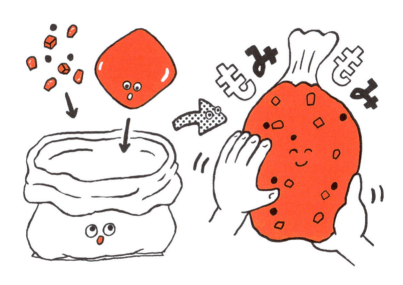

アイラップに、はんぺん2枚（200g）、片栗粉大さじ2、マヨネーズ大さじ2〜3、塩・こしょう少々、スイートコーン、枝豆などお好みの具材を入れてもみ込み、はんぺんをペースト状にします。次にアイラップの端をハサミでカットして中身を絞り出し、一口大に成型します。中火で熱したフライパンに油を適量入れて置き、フライ返しで軽く抑えて平らにしたら、両面に軽く焼き目をつけ、水大さじ1を入れてフタをして弱火で蒸し焼きにし、水分がなくなったら完成です。

I WRAP TECHNIQUE

NO. 19

巻く工程一切ゼロで、ぷるふわの「だし巻き卵」を作る方法

アイラップに卵4個を割り入れ、小口にカットした小ねぎ白だし大さじ1、水大さじ3を加えてよくもみ込み、アイラップホルダーにセットして、耐熱皿を敷いて2分ほど電子レンジ（500W）で加熱し、中身を確認して水っぽさがなくなるまで加熱します。熱いうちに、袋ごと布巾などで包んで卵の中の空気を抜きながら軽く転がし、棒状の形に整え、冷ましてからカットします。※簀巻きを使うときれいな棒状にしやすい。

---- アイラップ POINT ----

湯せん調理後のだし巻き卵は成型がしやすいので、整えたい型に袋ごとはめる・布巾やミトンで成型するなども楽しいです。成型後の形を想像しながら、数回に分けて取り出しながら電子レンジで加熱し、都度、形を整えてもいいですね。

I WRAP TECHNIQUE

NO. 20

時短で豆乳春雨の スープジャーランチを楽しみ、 洗い物を軽減する方法

スープジャーとアイラップの組み合わせで、洗い物を減らすアイデアランチに最適な豆乳春雨スープを紹介します。キャベツ、にんじん、ニラ適量を食べやすい大きさにカットし、豆乳と水を各150ml、鶏ガラスープの素小さじ1、しょうゆ小さじ1/4、しょうが（チューブ）1/4、塩少々をアイラップに入れる。鍋に耐熱皿を敷いて沸騰したお湯で5分湯せん調理し、スープジャー（500ml用）に袋ごと入れ、乾燥春雨7g（丸い形で乾燥しているもの）を加え、袋の口を結び、フタを閉める（量が多い場合はスープを適量減らす）。朝に仕込んでおけばランチには春雨が戻っており、食べたら袋を捨てるだけで、洗い物を軽減できます。

I WRAP TECHNIQUE NO. 21

ぷるぷるで柔らかな「照り焼きチキン」を作る方法

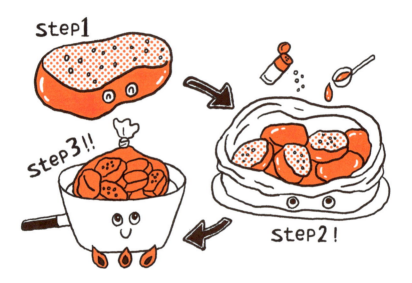

アイラップなら、焼かずにおいしくぷるぷるで柔らかい「照り焼きチキン」を作ることができます。アイラップにとりもも肉1枚を一口大にカットし、みりん、しょうゆ、酒各大さじ2小口にカットした小ねぎを入れ、よくもみ込み、空気を抜いて袋の口を結び、鍋の底に耐熱皿を敷いて沸騰させたお湯で15分ほど湯せん調理します。さらに火を止めてフタをし、15分ほど放置して肉の中心までしっかりと火が通っていることを確認したら、完成です。

I WRAP TECHNIQUE　　NO. 22

真空下味調理＆冷凍保存で いつでもおいしい 「コチュジャンマヨ肉」が 食べられる技術

アイラップにコチュジャン大さじ２、マヨネーズ大さじ３、はちみつ大さじ１、塩と酒大さじ１を加え、よくもみ込みます。そこにお好みの肉（鶏、豚、牛）300〜350gほどを一口大ほどにカットしたものを入れてよくもみ込み、ボウルに水を張り、アイラップを袋ごと沈めたら、袋の中の肉をなでながら空気を外に押し出し、くるくると袋をねじって口を結び、水気を拭きます。この状態で冷凍保存し、好きなときに取り出して、湯せん調理をすればコチュジャンマヨの下味の染み込んだおいしい肉料理がいつでも食べられます。

I WRAP TECHNIQUE

NO. 23

特別な日にピッタリ。しっとり本格的な「ローストビーフ」を作る技術

アイラップのローストビーフレシピは、P.112へ！

クリスマスや特別な日の料理としてローストビーフを思い浮かべる方は多いのではないでしょうか。アイラップでは、時短調理はもちろん、アイラップだからこそ、おいしく本格的なかたまり肉の料理を作ることができます。その秘密は、アイラップの低温調理。下味をつけて真空状態にしたかたまり肉をアイラップで湯せん調理し、フタをして余熱でじっくり中心まで火を通すことで、しっとりと柔らかく味の染み込んだローストビーフを作ることができます。特別な日に作って、大切な人を驚かせてみるのはいかがでしょうか？

I WRAP TECHNIQUE

NO. 24

下味しっかり！
おいしい「唐揚げ」を作る技術

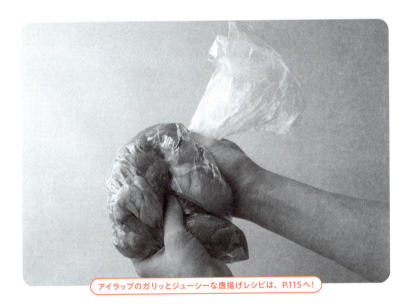

アイラップのガリッとジューシーな唐揚げレシピは、P.115へ！

　アイラップは清潔で防湿性にも優れているので、そのまま食品を入れて下味調理や保存（下ごしらえ）調理が安心してできます。もみ込み調理も手を汚さずにアイラップ1枚でしっかりとできるので、唐揚げなどの手間のかかる調味料の多い下味調理が簡単に行なえます。下味をつけたら冷蔵保存をして好きなときに取り出して使えるので、時間のあるときにまとめて作っておくと安心です。

I WRAP TECHNIQUE

NO. 25

粉まぶしも簡単＆さっくりを実現！
さっくりおいしい
「豚カツ」を作る技術

焼肉用豚肉250g、塩・こしょう少々をアイラップに入れ、もみ込む。次に薄力粉大さじ2を入れ、空気を入れて振り混ぜ、余分な粉を出し、卵1/2個を入れてもみ込む。新しい袋にパン粉20〜30gを入れて豚肉を加え、空気をよく入れて振り混ぜる。豚肉を取り出し、170度に熱した油でしっかりと（使う部位や厚みにより中に必ず火が通るように調整する）揚げ、バットに移し、余分な油を切ったら完成です。

アイラップPOINT

アイラップのまぶし調理では、袋の中に空気を入れて振るだけで、適量の粉を食材全体にまぶすことができるので、手を汚さずに簡単に揚げ物の下準備ができます。

I WRAP TECHNIQUE

NO. 26

アイラップでおいしい「ミートボールスープ」を作る方法

合挽き肉180gを用意し、牛乳大さじ2、パン粉大さじ2、にんにく小さじ1/2、塩・こしょう少々を入れ、よくもみ込みます。肉ダネを袋の中で10等分に丸く成型し、冷蔵庫で30分ほど寝かせさらに、形を整えます。そこに、玉ねぎ（スライス）、しめじ各80g、カットトマト缶1/2に牛乳50ml、コンソメ小さじ1/2、酒大さじ1/2、塩・こしょうと砂糖少々、ウスターソース小さじ1/2を入れ、袋の空気を抜いて口を結び、耐熱皿を敷いて、お湯が沸騰している鍋で25〜30分ほど湯せん調理し、さらに火を止めてフタをし、15分ほど置いて、肉に火が通っていたら完成です。

アイラップPOINT

アイラップの煮込み湯せん調理なら、袋の中でじっくりと煮込むことができるので、ふっくらジューシーで味がしっかりと食材に染み込んだ煮込み料理を作ることができます。

I WRAP TECHNIQUE

NO. 27

魚の煮付けも臭みなくふっくら。「しみしみ料亭の味」にする技術

アイラップでは、食材のうまみをぎゅっと閉じ込めたまま逃さずに袋の中での湯せん調理ができるので、味がしっかり染み込んで身をしっかりと保ち、まるで料亭の味のようなしみしみのおいしい魚の煮付けが簡単に作れます。この技術を利用したアイラップの「こっくり鯖みそ」レシピは、P.110で紹介しています。

I WRAP TECHNIQUE

NO. 28

好きな肉で
七色の料理を作る方法

アイラップは清潔で防湿性に優れた家庭用ポリ袋。そのため、まとめ買いしたお好みの肉を小分けにし、いつでも清潔な状態で保存することができます。さらに保存の前に下味をつけて、冷蔵・冷凍庫で寝かせるだけで、食べたいときに1つの食材でさまざまな下味の料理を楽しむことができます。たとえば、みそ、マスタードとマヨネーズ、みりんとしょうゆ、砂糖、カレー粉、カットトマト缶、さらにはオレンジジュースなど、好きな調味料を入れて軽くもみ込み、空気を抜いて真空保存。あとは好きなときに取り出して調理することができます。

I WRAP TECHNIQUE

NO. 29

「ほったらかし」で本格的でしっとりおいしいチャーシューを作る方法

アイラップのほったらかしチャーシューレシピは、P.113へ！

アイラップの湯せん調理では、圧力鍋の用意や手の込んだ調理をする必要がなく、ほったらかし調理でおいしくて柔らかいチャーシューを作ることができます。驚くほど味が染み込み、しっとりしていて、そのままでももちろん、カットしてご飯にのせたり、ラーメンに添えても。この技術を利用したアイラップの「ほったらかしチャーシュー」レシピは、P.113で紹介しています。

I WRAP TECHNIQUE

NO.
30

余った煮汁をムダにしないで「煮卵」を作る漬け込み調理の技術

P.46で紹介した「ほったらかしチャーシュー」のように、アイラップで調理したときにできた煮汁も、アイラップでは逃さずおいしく新しい料理にすることができます。P.113のレシピでも紹介していますが、チャーシューを作ったときに残った煮汁に、ゆで卵を入れてお好みの時間漬け込むだけで、おいしい煮卵ができます。すぐに食べない場合はアイラップで冷蔵保存すればするだけ、しみしみの煮卵が楽しめます。

I WRAP TECHNIQUE NO. 31

ダイエット、おやつに最適な「豆腐ナゲット」を10分で作る簡単裏技

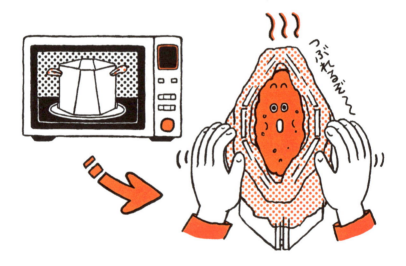

絹ごし豆腐150g、おからパウダー大さじ2をアイラップホルダーにセットしたアイラップに入れ、耐熱皿を敷いて電子レンジ（200W）で約30秒調理します。取り出したら鶏ガラスープの素小さじ1、片栗粉大さじ3、マヨネーズ小さじ1/2を入れ、軽くスプーンでかき混ぜたらアイラップホルダーで押しつぶします。袋の端をキッチンバサミでカットし、多めの油をひいたフライパンで揚げ焼きにしたら、完成。アイラップ1枚で手を汚さず簡単に調理ができ、余ったタネはアイラップで冷蔵・冷凍保存して、好きなときに使えます。

I WRAP TECHNIQUE

NO. **32**

袋のラップ、アイラップ。防湿性に優れているので、作り置き調理にも安心！

アイラップは袋のラップ。だからこそ、冷凍庫内でも、自在に形を変えての保存が可能です。防湿性に優れているので、清潔な保存ができ、冷蔵保存の際も、食材の空気を抜いて保存するだけで、長持ちさせることができます。週末などの時間を利用して、たっぷりとアイラップで料理の下ごしらえをしたら、あとは冷蔵・冷凍庫におまかせで保存できて安心です。

アイラップの仲間

アイラップケース

アイラップをキッチンの水気や場所を気にせず使える、心強い仲間がいます。その名もアイラップケース。カラーバリエーションも豊富で、ホワイト、ダークグレー、ライトグレー、オレンジ、ブルーなどがあり、アイラップ家庭用（60枚または100枚入り）がぴったりとセットできます。縦置きもできるので、置き場所にも困りません。

I WRAP TECHNIQUE

NO. 33

コラーゲンたっぷりの人気料理！「ポッサム」をパサつきなく調理する技術

アイラップのポッサムレシピは、P.114へ！

韓国の人気料理、ポッサムも、アイラップの湯せん調理では簡単にしっとりと調理することができます。豚肉にはタンパク質、ビタミンB_1、ナイアシンなどの栄養が豊富に含まれており、疲労回復や糖質の代謝を助け、ストレスの軽減を図れるなど、おすすめです。アイラップの湯せん・低温調理だからこそ、この栄養やうまみを逃さず、パサつかない失敗いらずの時短調理が可能です。この技術を利用してP.114で紹介の「ポッサム」は葉野菜やキムチなどを添えていますが、アレンジで、コチュジャン、酢、砂糖、ごま油を適量混ぜたソースなどをかけてもおいしいですよ。

I WRAP TECHNIQUE

NO. 34

ほうれん草のアク抜きも、アイラップ1枚で完遂できる裏技

ほうれん草などアクの強い野菜も、野菜の色を失うことなく、簡単にアク抜きができます。まずはほうれん草を水でしっかりと洗い、汚れを取り除きます（水は切りすぎなくてOK）。次に根元を落として半分にカットし、アイラップに入れて耐熱皿を敷き電子レンジ（600W）で袋の口を閉じずに1分ほど加熱。水をヒタヒタになる程度入れ、2分ほど放置します。最後に袋の端をカットして水を出したら、アク抜き完了です。

I WRAP TECHNIQUE

NO. 35

部屋への匂い移りの心配も解消！
ヘルシーな
「豚キムチ」を作る裏技

定番の人気料理、豚キムチ。けれどキムチと脂の匂いが出る調理は部屋への匂い移りが心配にもなりますよね。アイラップでは、豚肉の持つ脂だけを利用してヘルシーに、匂いもおいしさも閉じ込めた調理が可能です。アイラップに豚こま切れ肉100g、白菜キムチ100g、玉ねぎ80g、ニラ50g、しょうゆ小さじ2、ごま油小さじ1/2を入れてよくもみ込み、袋の空気を抜いて上のほうで口を結びます。鍋耐熱皿を敷いて沸騰したお湯で20～25分ほど湯せん調理し、さらに火を止めてフタをして、15分ほど置きます。こうすることで調理中の匂い移りを最小限に抑えることができ、あっさりとおいしい豚キムチを作ることができます。

I WRAP TECHNIQUE

NO. 36

湯せん調理15分！「ヤンニョムソース」をいつでも楽しむ方法

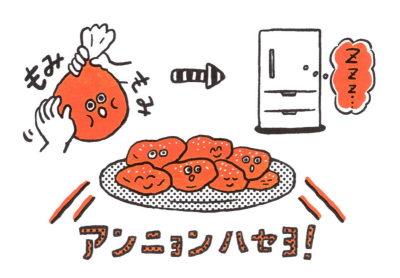

ヤンニョムとはいわずと知れた朝鮮半島の伝統ソースですが、アイラップで簡単にヤンニョムソースを作る方法を紹介します。アイラップ1枚にコチュジャン大さじ6、はちみつ、しょうゆ、ケチャップ、ごま油を大さじ3、にんにく（チューブ）小さじ3、しょうが（チューブ）小さじ2を入れ、よくもみ込み、鍋底に耐熱皿を敷いた沸騰したお湯で5分ほど湯せんし、さらに火を止めてフタをし、10分ほど置きます。あとはソースだけを小分けに冷凍保存しても、鶏肉を一口大にカットして一緒にアイラップでもみ込んで保存して好きなときに調理するなど、いろんなヤンニョム料理を楽しんでください。

I WRAP TECHNIQUE　　NO. 37

忙しい日のランチも10分で作れる！「簡単油うどん」を作る方法

　中華麺の代わりにうどんを使った、アイラップの簡単「油うどん」の作り方。冷凍うどん1玉をアイラップに入れ、口を結んで耐熱皿を敷いて湯せん、もしくは、口を閉じずに耐熱皿を敷いた電子レンジで表示時間どおりに温めます。次に、しょうゆ、酢、オイスターソース、ごま油を各小さじ1、鶏ガラスープの素、砂糖を小さじ1/2入れてよくもみ込み、お皿に盛り付けます。青ねぎと韓国海苔をキッチンバサミでカットして散らし、炒りごま、天かすを添え、最後に真ん中にくぼみを作って、卵黄をのせて完成です。

冷めてもおいしくてジューシー！
簡単「鶏マヨ」を作る方法

アイラップで作るふっくらジューシーな「鶏マヨ」を紹介します。鶏もも肉250gを食べやすい大きさにカットし、酒、マヨネーズ各大さじ1、塩・こしょう少々を加えてよくもみ込み、片栗粉大さじ1を加えて空気をたっぷり入れた状態で振り全体にまぶします。油をひいたフライパンで、両面をしっかりと焼きあげ、中心までしっかり火が通っているのを確認したら、完成です。マヨネーズを加えることで冷めてもふっくらとおいしいので、お弁当にもおすすめです。

I WRAP TECHNIQUE

NO. 39

好きなソースも1人分ずつ簡単調理！まとめて保存する方法

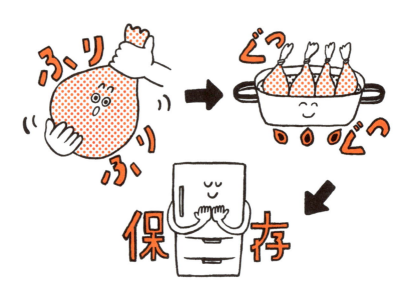

アイラップの湯せん調理では、鍋を汚さずに一人分や1回分ずつのソースを作り、そのまま冷ましてから冷凍保存することが可能です。好きなソースの調味料を合わせ、よく揉みこんだら、あとは鍋で必要な時間湯せんするだけ。いろいろなソースを小分けにして、まとめて一度で湯せん調理することができるので、とても便利です。煮込むときに鍋のこげつきを心配する必要もなくなり、いろんなソースを作り置きで楽しめます。

I WRAP TECHNIQUE

NO. 40

もちもち！炊飯器いらずで「中華おこわ」を鍋とアイラップ1枚で作る裏技

アイラップの中華おこわレシピは、P.118へ！

アイラップでは炊飯も可能で、災害時に水を汚さずに調理ができるので、防災バッグにひと箱あるととても安心です。高密度ポリエチレン製で環境にやさしく、万一燃やしてしまっても、有害なガスは発生しません。炊飯器いらずで簡単に袋の中でおいしく炊くことができるので、日々の炊飯にもおすすめ。もちろん、白米だけでなく、もち米などでも、ふっくらとおいしく湯せん調理で炊くことができます。この技を使ったレシピはP.118「中華おこわ」で紹介しているので、ぜひそのおいしさを食べて確かめてください。

I WRAP TECHNIQUE

NO. 41

時短でミニマム調理！
パスタをアイラップ1枚で作る方法①
［ カルボナーラ編 ］

パスタ料理を作るときは、ゆでるために大鍋でお湯を沸かし、さらに具材を炒めて絡めるためのフライパンが必要なイメージですが、アイラップでは、パパッと1枚の袋の中で湯せん調理ができます。アイラップに、半分に折ったパスタ1.6mmを80g、ベーコン（ブロックを縦半分にカットしたもの）3つ、水200ml、塩少々を入れ、耐熱皿を敷いてお湯を沸騰させた鍋で表示時間どおり湯せんします。袋を開け、麺が好みの硬さにゆで上がっているのを確認したら、余分なお湯を捨て、卵黄1個分、コンソメ小さじ1/2、ピザ用チーズを適量を加えてよく混ぜて器に盛り、黒こしょう（粗挽き）を適量かけて完成です。

I WRAP TECHNIQUE

NO. 42

時短でミニマム調理！
パスタをアイラップ1枚で作る方法②
[和風パスタ編]

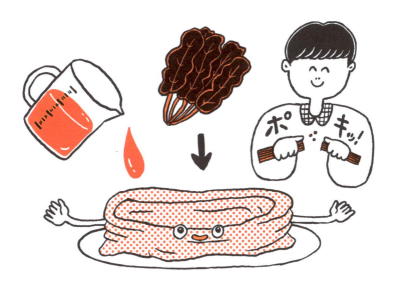

アイラップ1枚に半分に折ったパスタ80g（1.6mm）、水200ml、アク抜きした（P51参照）ほうれん草を入れ、耐熱皿を敷いてお湯を沸騰させた鍋に入れ、表示時間どおり湯せんします。パスタを1本出して麺が好みの硬さにゆで上がっているのを確認したら、お好みのお茶漬けの素1袋（6g）、有塩バターを入れて混ぜ、味を見て塩・しょうゆを適量入れて味を調え、完成です。

I WRAP TECHNIQUE

NO. 43

横文字献立も、こなれ映え調理する①
遊びに来た友達に、おしゃれ多国籍料理をすまし顔で出す方法

おしゃれな多国籍料理として人気のカオマンガイも、アイラップでは簡単においしく作ることができます。フォークで表面に穴をあけた鶏もも肉1枚90gほどをアイラップに入れ、塩・こしょう、酒少々を入れてもみ込む。そこに研いだ米1/2合、しょうがとにんにく（チューブ）を各小さじ1/2、鶏ガラスープの素小さじ1、水を100ml入れ空気を抜いて袋の口を閉じ、耐熱皿を敷いた鍋で弱火30分湯せんし、さらに火を止めてフタをして20〜25分ほど余熱を入れ、しっかりと肉に火が通っているのを確認したら、完成。皿にご飯を盛ってカットした鶏肉をのせ、ねぎダレやパクチーを添えます。

I WRAP TECHNIQUE

NO. 44

横文字献立も、こなれ映え調理する②
恋人が遊びに来ても、まずはオイル煮どうぞって得意顔で言える方法

「魚介のオイル煮」のレシピは、P.116へ！

みなさん、オイル煮っておいしいですよね。アイラップの湯せん調理では、おいしくておしゃれなオイル煮を作ることができます。オイル煮といえば「コンフィ」が人気ですが、コンフィも食材を低温の油でじっくりと煮たフランスの伝統的な調理法のひとつです。元々は肉料理を長い期間保存するために考えられた調理法で、フランス語の「コンフィル」が語源。翻訳すると「保存する」という意味で、なんだかアイラップとの親和性を感じますよね。P116では、アイラップで作るオリジナル版「魚介のオイル煮」レシピを紹介しています。湯せん調理でオリーブオイルの風味を魚介に閉じ込めた、香りも風味もとても良いレシピなので、特別な日に披露するのもおすすめです。

I WRAP TECHNIQUE

NO. 45

映えておいしい！
簡単「ロゼトッポギ」を
作る方法

韓国の粉食として大人気のトッポギですがトマトソースを加えた「ロゼトッポギ」も人気です。玉ねぎ1/2個を薄切りにし、トッポギ100gをさっと水で洗ってアイラップに入れ、水を全体が浸かる程度に入れて2分湯せんします。水を捨て、ソーセージ5本を好みの大きさにカットしたもの、刻みにんにく1/2〜1片分、カットトマト1/2缶(200g)、生クリームもしくは牛乳100ml、水50ml、コチュジャン大さじ1、牛肉系の顆粒だし小さじ1を入れて軽くもみ込み、耐熱皿を敷いてお湯を沸騰させた鍋で、20分ほど湯せん調理すると完成です。

I WRAP TECHNIQUE

NO. 46

あったかまろやか。
柔らか具材の
「クリームシチュー」を作る方法

アイラップに絹ごし豆腐150g、牛乳200gを入れてよく揉み込み、口を結ばずに耐熱皿を敷いて電子レンジ（600W）で2分加熱。そこに、コンソメ小さじ1、にんにく（チューブ）、ウスターソース各小さじ1/2、塩・こしょう少々を入れてよく混ぜ、さらに、にんじん・玉ねぎ・さつまいも各1/2個を一口大にカットしたもの、しめじ・ブロッコリー各50g、鶏むね肉200gを一口大にカットしたもの、オリーブオイル小さじ2、水50mlを入れ、袋の空気を抜いて上の方で口を結び、鍋底に耐熱皿を敷いて沸騰させたお湯で25分ほど湯せんし、さらに火を止めてフタをして15分ほど置く。肉に完全に火が通っているのを確認し、味をみて、足りなければ塩・こしょうを適量入れて整え、完成。

I WRAP TECHNIQUE

NO. 47

かたまりチーズも
アイラップでパラパラに？
くっつきにくい保存術

アイラップは高密度ポリエチレン製なので防湿性に優れており、内部に水分が入りにくく乾燥もしにくいため、調理した食材はもちろん、野菜や肉などの食材そのものの保存にとても優れています。たとえば、油分の粘着力のあるチーズも、かたまりを好きな幅にカットして重ならないように少しずらした状態でアイラップにまとめ、空気を抜いて冷凍しておくだけで、パサつかずにひとつひとつをくっつきにくく、パラパラに保存できます。

I WRAP TECHNIQUE

NO. 48

アイラップ1枚で1つのプリン！まるで喫茶店のおいしい「硬めプリン」を作る方法

「アイラッププリン」のレシピは、P.125へ！

みんな大好き、プリン。プリンを作ろうと思えばプリン型が必要で、さらに、蒸し器やオーブン調理のイメージがありますが、アイラップではこの３つがなくても大丈夫。その秘密は湯せん調理が蒸す工程をカバーしてくれるからなのですが、驚くほど簡単＆ほったらかしで、とてもおいしいとろとろ〜硬めのしっかりプリンを作ることができます。P.125では、アイラップの特製プリンを紹介しているので、ぜひ、作ってみてくださいね。

I WRAP TECHNIQUE

NO. 49

忙しい朝にも大活躍！
時短と洗い物削減で
「ふわふわ・らくらく・幸せ蒸しパン」
2種を作る方法

アイラップであれば、蒸し器がなくても2種類の蒸しパンを1つの鍋で作ることができます。【スイーツ蒸しパン】袋1枚にホットケーキミックス50g、牛乳30ml、卵1/2個、砂糖大さじ1/2、オリーブオイル大さじ1/2、チョコチップを適量入れてもみ込む。【惣菜蒸しパン】袋1枚にホットケーキミックス50g、牛乳30ml、卵1/2個、コンソメ小さじ1/2、マヨネーズ大さじ1/2、玉ねぎ・ベーコン（みじん切り）適量を加えてもみ込む。2種類の袋の口を結び、耐熱皿を敷いた鍋で20～25分ほどまとめて湯せん（途中、袋が浮いてきたら、ひっくり返す）し、竹串を刺して何もついてこなければ、完成。忙しい朝にも出来たてほかほかを作ることができるので、幸せな朝をスタートできます。

中秋の名月に。
つるんとおいしい「お月見団子」を誕生させる方法

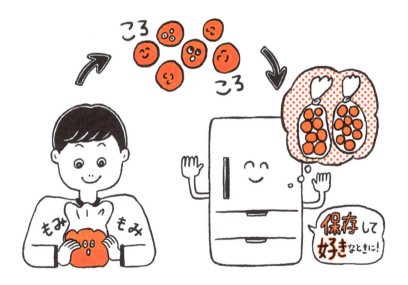

お月見団子をアイラップで簡単に手作りしてみませんか？　白玉粉80g、絹ごし豆腐80g、砂糖10gをアイラップに入れ、全体をよくもみ込む。うち、おおよそ20g分を取り分け、あらかじめ別のアイラップに入れて電子レンジ（600W）で柔らかくしておいたかぼちゃ（皮なし）10gと一緒にもみ込む。どちらの袋もまとまったら（まとまりが悪い場合は水を少量ずつ足して）、直径2cmほどに丸めて沸騰したお湯に入れ、団子が浮いてきたらさらに1分ゆで、冷水で冷ませば完成。団子を多めに作ってアイラップで冷凍しておけば、好きなときにゆでて食べられます。

NO. 51

フランス人もびっくり！とろとろ「フレンチトースト」を作る方法

アイラップ1枚に卵1個を割り入れてもみ込み、さらに砂糖大さじ1、牛乳60mlを入れてもみ、食パン（5枚切り）1枚を6等分したものを入れ、空気を入れてやさしく数回振り混ぜたら、袋の空気を抜いて（このとき、食パンをつぶさないように注意）約5分置く。フライパンにバター10gを入れて弱火で熱し、卵液ごと食パンを入れ、中弱火でじっくりと両面に焼き目がつくまで焼く。皿に盛り、はちみつやメープルシロップをかけたら完成。お好みで粉砂糖、シナモンパウダーをかけても◎。

I WRAP TECHNIQUE

NO. 52

余りやすいバナナを救済して「バナナマフィン」に変身させる方法

バナナはひと房で購入することが多く、ついつい最後の数本を余らせがちな果物。アイラップは防湿性に優れているので、空気を抜き保存するだけで、冷蔵庫でただ保存するよりも鮮度を保つことができます。そんな救済バナナを使って、バナナマフィンをおやつにいかがでしょうか。アイラップにバナナ1本を入れ、少しかたまりが残る程度にもみ、小麦粉130g、ベーキングパウダー小さじ1/2、砂糖、油を各大さじ3、卵1個を加えてさらにもみ込みます。袋の端をカットし、用意しておいたマフィン型に渦を巻くように6分目ほど絞り出し、180度に予熱したオーブンで20〜25分ほど焼きます。竹串を刺して何もついてこなければ、完成です。

I WRAP TECHNIQUE　　NO. 53

1月の余ったお餅を救済して「甘じょっぱおかき」を作る方法

お正月用に意気揚々と買い込んだお餅。しかし1月後半にもなると余らせて困ってしまう。そんな経験はありませんか？ アイラップでは、簡単なひと手間でサクサクの「おかき」に変身させることができます。まずは餅1個を1.5cmほどのサイコロ状にカットし、クッキングシートを敷いた耐熱皿に餅が重ならないようにのせ、電子レンジ（600W）で2分半〜3分加熱します。アイラップにしょうゆ大さじ1、砂糖大さじ2を入れて軽くもみ、そこに加熱して膨らんだ餅を入れて空気を含ませよく振り混ぜ、全体に味を馴染ませたら完成です。

I WRAP TECHNIQUE

NO. 54

ローリングストックに最適な乾パン消費術！①
余って困る「乾パン」を「チョコクランチ」に変身させる方法

非常食として支持される乾パン。硬く焼き固められ、含水量が少なく長期保存が可能ですが、油断していると賞味期限を超えていた、という経験はありませんか？ ここでは、ローリングストックに最適な乾パンを使った「チョコクランチ」のレシピを紹介。アイラップに乾パン100gを入れ、すりこぎ棒などで叩いて砕く（砕きすぎに注意）。新しいアイラップに板チョコ100gを入れて空気を抜いて口を結び、耐熱皿を敷いてお湯を沸騰させた鍋に入れて溶かし、表面の水を拭いて袋の端をカット。乾パンの袋にチョコを絞り出し、空気を入れてよく振り混ぜ、冷蔵庫で冷やし固めたら、完成です。

I WRAP TECHNIQUE　　NO. 55

ローリングストックに最適な乾パン消費術！②
「乾パンのタルト生地」でおいしいチーズケーキ作る技術

二重にしたアイラップに乾パン100gを入れ、すりこぎ棒などで叩いて細かく砕く。新しいアイラップに砕いた乾パン、牛乳100ml、卵1/2個、バター40〜50gを入れてよく揉み込み、18cmの丸型の底一面にほどよく敷き詰め、180度に予熱したオーブン15分焼きます。新しいアイラップ1枚に一晩キッチンペーパーに包んで水切りしたヨーグルト300g、生クリーム100ml、砂糖60g、小麦粉大さじ2、卵1と1/2個、レモン汁大さじ1を入れて揉み込み、乾パンのタルト生地の上に流し込みます。180度に予熱したオーブンで25〜40分ほど焼き、竹串を刺して何もついてこなかったらOK。粗熱がとれたら冷蔵庫で冷やし、完成です。

アイラップの仲間

アイラップ スライドジッパー NEO

乾パンを砕くときにこちらを使うのもおすすめ。上部にジッパーが付いており、マチ付きでスタンドできるので、液体を入れた冷蔵・冷凍保存も安心。ただし、冷凍の電子レンジ解凍には使えますが、湯せん調理はできないので注意。トラベル用品を入れても◎。

I WRAP TECHNIQUE

NO. 56

アイラップでカラフルな「オリジナルアイス」を作る方法

アイラップは-30度の耐冷仕様だからこそ、好きなオリジナルアイスを作ることができます。作り方は簡単。アイラップにお好みのアイスクリームと、お好みのチョコスプレーやチョコチップ、ナッツ類やビスケット、ラムネなどを好きなだけ入れて、あとは軽くもみ込んで空気を抜き、冷凍庫で冷やすだけ。それだけで、お好みのオリジナルアイスを作ることができます。エスプレッソをかけてアフォガート風にしてもいいですね。いろんな味を楽しんでください。

毎日のランチ作りを
簡単・おいしく!
「おにぎりぽっけ」の活用方法

「おにぎりぽっけ」は正四角形をしており、素手でさわることなくご飯を入れて、衛生的かつ簡単におにぎりをにぎることができ、そのままランチなどに持っていきやすい仕様をしています。半透明のポリエチレン製で中が見えるので、華やかな混ぜご飯のおにぎりなどを作った場合は、置いたときの見た目でも楽しむことができます。もちろん、電子レンジでのあたためもOK。また、付属のシールに中の具材名を書いておけば、見た目だけではわからないおにぎりも、簡単に識別することができます。

I WRAP TECHNIQUE

NO. 58

「おにぎりぽっけ」で コミュニケーションを 育む方法

「おにぎりぽっけ」は、おにぎりを簡単に作ってランチなどに役立てることはもちろん、毎日のコミュニケーションのツールにもなります。おにぎりぽっけを留めるシールは3×3cmの正方形ですが、そこに仕事で頑張る自分や、家族、恋人などへメッセージを添えれば、ささやかだけどあたたかい、日々の糧になります。

I WRAP TECHNIQUE

NO. 59

「おにぎりぽっけ」で ドーナツを スマートなランチにする方法

「おにぎりぽっけ」はおにぎりだけでなく、ドーナツを包むのにも最適です。包んでシールで留めておけば、持ち運びはもちろん、食べるときに表面にまぶしている粉砂糖やナッツ、クランチがこぼれても、シートを広げて食べることですべて受け止めることができ、スマートなドーナツランチを楽しむことができます。ほかにも、サンドイッチやお菓子、肉まんなど、多様に包むことができ、さまざまなランチが楽しめます。

I WRAP TECHNIQUE

NO. 60

夏の暑い日におすすめ！
溶けたソフトクリームから
手を守る方法

夏の暑い日には特に食べたくなる、ソフトクリーム。けれど、おしゃべりを楽しみながら食べていたら、どんどん溶けていき手がベタベタに……。そんな経験は、ありませんか？「おにぎりぽっけ」はかさばらず、どんなところでも持ち歩けるフィルムの厚さ0.009mmのポリエチレン製。バッグに常備しておけば、ソフトクリームを食べるときもコーンの先端に角を合わせ、その上から握ればソフトクリームが溶けてもカバーの中に落ちるので、手をベタベタから守ってくれますよ。

I WRAP TECHNIQUE

NO. 61

アイラップで「こげ・汚れ・手荒れを消す」生活の技

アイラップの湯せん調理では、特に焦げつきやすい煮込みや油を多く使う料理などから鍋を守り、皿を使用するときにさっと袋をかぶせるだけで汚れや匂い移りの心配な食事から皿を守り、結果、面倒な洗い物が減り、洗剤や水の使いすぎ、手荒れを防ぐことができます。環境にもやさしく、毎日の料理・後片付けの負担も軽減されます。災害時にも水を無駄にしません。

I WRAP TECHNIQUE

NO.
62

お弁当箱を匂い移りから守る。主婦の声から生まれた、「なんでもシート」を生活のなかで活用する方法

気に入ったお弁当箱を匂い移りから守りたいとき、「なんでもシートミニ」をただお弁当箱の上にかぶせ、その上にご飯やおかずを入れるだけで、軽減することができます。また、作業台の上に敷いて、肉や魚の下ごしらえの際に出る汚れや色移りなどの負担の軽減にも役立ちます。なんでもシートには2つのサイズ展開があり、用途によって使い分けをすると、さらに便利です。

― アイラップの仲間 ―

なんでもシート

主婦の声から生まれたシート。まな板に敷いて汚れ・匂い・色移りの軽減をしたり（簡易的な使用なので、鋭利な包丁の使用ではシートが切れることもあります）、皿やお弁当箱に敷くことで洗い物を削減したり、さまざまな使用ができます。

NO. 63

災害時、急なケガや発熱、熱中症に！アイラップの「応急用氷のう」の作り方

急な発熱のとき、アイラップは応急用の「氷のう」にも早変わりします。作り方は簡単で、アイラップに氷（氷の角が鋭利な場合は袋が破れる可能性があるので、軽く洗って角を丸くすると◎）適量と、少量の水（置いたとき、上部の氷の頭が少し見えているほどの量）、塩少々を入れ、軽く振ってできるだけ空気を抜いたら口を結びます。清潔なのでそのまま使えます。熱中症の可能性を感じたときは、頸部や脇の下、大腿の付け根や股関節部、頬や手のひら、足の裏を冷やすことも有効です。持続した使用は、低温やけどや凍傷防止のためにも、15～20分ほどにしてください。

PART 2

アイラップレシピ
I WRAP RECIPE

この章では、アイラップの初級〜上級テクニックを使ったレシピを紹介します。ぜひ、これからのアイラップライフにお役立てください。

I WRAP RECIPE

アイラップの 冷蔵・冷凍

アイラップは防湿性に優れた家庭用の袋タイプのラップ。−30度までの耐冷仕様で、だからこそ安心して冷蔵・冷凍保存ができます。調理後の食材は、しっかりと冷ましてから入れてくださいね。

透明の耐冷・耐熱ポリ袋だから中身が見えて安心

鮮度を保つアイラップの冷蔵・冷凍

アイラップは高密度ポリエチレン製なので内部に水分が入りにくく、乾燥もしにくいため、調理済みのものはもちろん、野菜や肉など食材そのものの保存にもとても優れています。

アイラップの冷蔵

清潔で防湿性に優れているので、空気を抜いて保存するだけで、そのまま食材を冷蔵するよりも鮮度を保つことができます。

アイラップの冷凍

空気を抜いて保存することで、霜や匂いがつきにくく、食材の保存状態をよくできます。また、冷凍前にコンパクトに成型しておくと、場所を取らずすっきりと収納できます。

I WRAP RECIPE

アイラップの
保存(下ごしらえ)調理

アイラップは食材を小分けにする保存はもちろん、和える・混ぜる・もみ込むなどのさまざまな保存（下ごしらえ）調理を得意としています。ぜひ、活用してみてください。

小分けに
余った野菜やお弁当用など、小分け保存に便利。空気を抜いて保存しましょう。

和える・混ぜる
食材や調味料などを一度に和えたり混ぜ込みたいときに、とても便利です。

こねる・もみ込む
下味をつけたい肉料理の際も、手を汚さずにしっかりもみ込めます。

まぶす
袋に空気を入れてしっかり振るだけで、粉類や調味料を食材全体にまぶせます。

漬け込む
しっかりと空気を抜くことで、少ない調味料で時短の漬け込みができます。

成型する
袋の上から成型してそのまま保存も、ソースなどを入れての保存調理も。

アイラップの真空調理

アイラップを使った"真空調理"では、うまみをぎゅっと閉じ込めることできます。

真空状態にする
ボウルに水を入れ、アイラップに入れた食材に水圧をかけながら食材をなでて空気を押し出し、袋の中を真空状態にすることで、うまみをぎゅっと閉じ込めることができ、冷凍の際は霜がつきにくくなります。

ワンランク上の保存調理
真空の（湯せん）調理では、アイラップに包まれた食材が湿度を保ったまま保存と加熱がされるので、特に肉や魚料理はジューシーに、硬い芋や根菜類も柔らかく調理することができます。

アイラップの 電子レンジ調理

アイラップの電子レンジ調理では、時短や野菜のいろどりを保った調理ができます。袋の口を結ばない、耐熱皿を敷く、120度を超えてしまう可能性のある塩や油などの食材や調味料などを入れての使用をしない、などの原則を守りながら、効率よく調理しましょう。

··········· **電子レンジ調理の方法** ···········

1 温めたい食材をアイラップに入れる

食材をアイラップに入れます。火の通りにくい野菜の下ごしらえにも最適です。加熱することで120度を超えてしまう調味料や油、肉類は絶対に入れないでください。

2 耐熱皿を敷いて庫内へ

アイラップの下に必ず耐熱皿を敷いて加熱します。耐熱皿を使用しないと、電子レンジの底が熱くなりすぎて袋が溶けてしまう可能性があります。

3 袋の口を結ばない

電子レンジ調理の際は、袋の口を必ず結ばずに加熱します。口を結ぶと中の水分温度が高まり、逃げ道をなくして爆発してしまう可能性があるのでとても危険です。

4 加熱する

加熱時間やワット数は、食材の大きさや状態によって異なるので調整してください。取り出すときは、袋内に熱がこもっている場合もあるので、やけどに気をつけてください。

I WRAP RECIPE

おいしい・時短のアイラップ電子レンジ調理

野菜のいろどりを逃さない

野菜をアイラップに入れて電子レンジで加熱すれば、食材のいろどりやうまみを逃すことなく調理や下ごしらえができます。蒸し野菜のようにしたい場合は袋に空気を少し入れて口をふんわりと巻いた状態（結ぶのはNG）で加熱すると、ふっくらします。

時短で簡単 中までホクホク

硬い芋や根菜類も、アイラップに入れて加熱するだけで時短調理ができ、とても便利。冷まして冷蔵・冷凍保存しておけば、好きなときに取り出していろいろな料理に使うことができます。

この料理写真のレシピは、P.96へ！

電子レンジ調理のときに必ず守るべきこと

耐熱皿を敷かない・口を結ばない

耐熱皿は必ず敷いて使用し、袋が溶ける危険を防ぎます。袋の口を結ぶと爆発の恐れがあるので、絶対に結んではいけません。

油分の多い食品を入れて使用しない

加熱することで120度を超えてしまう可能性のある油や、沸点の高い塩分や糖分、アルコールの入った調味料や肉類は、絶対に入れて調理してはいけません。

> アイラップの
湯せん調理

アイラップの湯せん調理では、湿度がある袋の中でゆっくりと熱が加わっていくので、特に肉や魚はジューシーに、しっとりと中まで柔らかい調理ができます。1つの鍋でまとめて調理ができるのも大きな魅力です。

湯せん調理の下準備

食材と調味料をアイラップに入れる

湯せん調理したい食材や調味料を入れる。1枚のアイラップの中で食材と調味料を合わせられるので、洗い物が少なくなり、効率もよくなります。

調味料をもみ込む

食材と調味料をよくもみ込み（混ぜる・こねる・漬けるなど）、全体に味を行き渡らせます。手を汚さずに袋の上から直接調理ができるので、手の込んだ料理も楽しみながら行なえます。

空気を抜いて口の上を結ぶ

袋の中の空気を抜いてねじるようにして上のほうで（袋の端が鍋肌に触れないように）口を結びます。真空状態にすると、アイラップに包まれた食材が湿度を保ってゆっくりと加熱されていくので、特に肉や魚はジューシーになります。

湯せんする

鍋底に（袋がじかに当たらないよう）耐熱皿を敷いてから湯せんし、鍋の端などにも袋が直接触れないように注意します。下味調理しておいたものを湯せんにかけるだけで蒸したような調理ができ、煮物は味がしみしみになります。

I WRAP RECIPE

おいしい・時短のアイラップ湯せん調理

余熱でしっとりの低温調理

余熱を利用した低温調理では、かたまり肉もじっくりと加熱できるので、しっとりとパサつきなく作ることができます。ただし、肉の中心部が加熱不足だと食中毒の危険があるので、P.112のレシピを参考に調理をしましょう。

> この料理写真のレシピは、P.112へ！

味が染み込んだ煮込み料理

アイラップの得意とする料理に、湯せんでの煮込み料理があります。食材のうまみを外に逃さず、ぎゅっとソースなどと煮込む調理ができるので、しみしみのおいしい料理が作れます。

> この料理写真のレシピは、P.111へ！

まとめ調理で時間短縮

アイラップの湯せん調理では、下ごしらえしたい食材や、夕食の献立を小分けにすれば、1つの鍋で同時にまとめて調理できるのも大きな魅力のひとつです。この方法であれば洗い物少なくさっと調理ができ、副菜など手が回りにくい料理も、献立に加える余裕ができます。

防災時も安心、炊飯もできる

災害時には節水を心がけた調理が必要になることが多くあります。調理器具や皿を汚さないことも、衛生とともに心の安心にもつながりますよね。アイラップの湯せんでは炊飯ができ、おかずなどと一緒にまとめての湯せんでき、袋のままでも食事ができるので、強い味方になります。

I WRAP RECIPE

アイラップ【公式】中の人
アイラップの軌跡インタビュー

1976年3月、日本初の家庭向け箱入りポリ袋としてアイラップは発売されました。多くのみなさんに親しまれている家庭の強い味方、アイラップ。しかし、現在のように広く普及するまでには、決して平坦ではない、長い道のりがあったといいます。ここでは、【X公式】中の人にアイラップの軌跡を中心に、お話を伺いました。

Q. アイラップ誕生から半世紀。
振り返って、今だからこそ思われる、あれは困ったな、という出来事はありますか？

アイラップ【公式】
@i_wrap_official

発売以降、CMの放送などさまざまなプロモーション実施や、テレビドラマの小物や粗品で採用いただけるなど話題性もあり、徐々に浸透していきました。しかし、発売から年月が経ち、権利関係が切れた後、類似品や海外品などとの価格競争に押され、徐々に売場から消えていきました。

Q. そのような出来事があったのですね。
ではなぜ、半世紀後の現在までアイラップは生き残ることができたのでしょうか？

アイラップ【公式】
@i_wrap_official

アイラップを気に入ってくださっていた山形県を中心に展開している食品スーパーのオーナー様が、取り扱いを継続してくれたからです。当社の担当営業の努力もあり、日本海側エリアで商品が広まるに至りました。それから何十年の時を経て日本海側エリアで普及し、ポリ袋を指す名詞が「アイラップ」になるほどとなり、長く親しまれる存在となりました。

Q. 日本海側エリアでの根強い人気と普及が、大きな支えだったのですね。
現在の全国区の普及に至るまでの道のりは、どのようなものだったのでしょうか？

アイラップ【公式】
@i_wrap_official

全国区への爆発的な普及のきっかけは、SNSでした。2018年、当時の私は新設された部署に配属となり、ある任務を与えられます。それは「これまでの仕事を継続しつつ、新たな事に挑戦すること」。当社は宣伝力が弱点だと認識していたので「SNS（旧Twitter）」に着目し、アカウント開設に向け動き始めましたが……なかなかOKが出ず、開設まで2ヶ月を要しました。

Q. SNSの開設まで2ヶ月！　その間、どのような紆余曲折があったのでしょうか。

アイラップ【公式】
@i_wrap_official

開設の条件、それは「3ヶ月間限定」でした。この期間でいかに効果を上げるか、どう運用していくか。紆余曲折の末、"アイラップ【公式】"は誕生しました。そして、2018年7月18日。この日のトレンドであった「#一般人の方が時々誤解しておられること」に対し、ボヤき口調でアイラップの現状を投稿したところ、それがバズりました。その投稿をきっかけに、世の中の多くの方々に「アイラップ」の存在が伝わり、こうして本が出るまでに至ったのです。

発売当初のアイラップのパッケージ
（1976〜1978年頃まで）

アイラップ【中の人】より、
今だからこそ伝えたい「アイラップの基本」

これからも下記の注意事項を守っていただき、
楽しく便利にご活用いただけると、大変ありがたく思っております。
・加熱の際は必ず耐熱皿を敷く（湯せんも電子レンジも）
・電子レンジ加熱の際は密封しない（結ばない）
・電子レンジ加熱の際は油分を含んだ食品はNG

PART 2 レシピページの使い方

① 目安となる調理時間を記載しています。
袋に入れてからの漬け込み時間などが必要な場合は、「+α」と記載しています。

② 目安となる冷蔵・冷凍保存期間を記載しています。
※ 適切な保存を行なった際の目安の期間となります。
　 季節や冷蔵庫の仕様により変化する可能性がありますので、注意してください。
※ 冷蔵・冷凍保存のうち、特性により、いずれか1つの提案となるレシピがあります。

③ 人数表記は各レシピで異なります。分量の大さじ1は15ml、小さじ1は5mlのこと。
「少々」「適量」はお好みで加減してください。

調理の注意点

・アイラップの耐熱温度は120度です。直接加熱することのないよう、電子レンジ調理、湯せん調理、いずれの場合も必ず耐熱皿を使用してください。
・電子レンジ調理をするときは、必ず袋の口を結ばずに行ないましょう。
・湯せん調理をするときは、必ず沸騰したお湯からの調理開始とします。袋から中身がこぼれたり水が入らないよう、空気を抜いて口をしっかり結んで調理しましょう。袋が絶対に鍋肌に触れないように注意してください。

常備菜 / I WRAP RECIPE

いろいろ浅漬け

アイラップではお好みの野菜と調味料をもみ込むだけで、おいしい浅漬けが作れます！

調理時間 **10分+α**

保存期間 冷蔵庫：5日間

I WRAP RECIPE 常備菜

用意するもの

アイラップ 1枚

アイラップケース 1台
（水気の多いキッチンでの使用に便利）

アイラップ
スライドジッパー NEO 1枚
（液体を入れた保存にも便利）

材料 2人分

お好みの野菜、数種類…（合わせて）250g
※本レシピでは、白菜、きゅうり、にんじん、ラディッシュ、セロリ、みょうがを使用

しょうが…10g
塩（野菜の重量の2%）…5g
昆布…3cmほど

作り方

1 下ごしらえをする

お好みの野菜を、厚い部分は細く切ったり、そいだりして食べやすい大きさに切る。しょうがを千切りにする。切った野菜をまとめてアイラップに入れる。

2 もみ込む

1に塩を入れ、全体に行き渡るよう袋の上からもみ込む。

※アイラップを、アイラップ スライドジッパー NEO に変えても◎。

3 空気を抜いて結ぶ

2に昆布を加えて空気を抜いて結び、半日ほど置く。水気を絞って皿に盛る。

いろいろ浅漬け アレンジ 1

豚肉のお漬物炒め

調理時間 10分　保存期間 冷蔵庫：3日間

材料 2人分

いろいろ浅漬け … 80g
豚バラ肉 … 100g
卵 … 1個
ごま油 … 大さじ½
かつお節 … 3g
しょうゆ … 少々

作り方

1. 豚肉は一口大に切る。卵は溶きほぐす。
2. フライパンを中火で熱してごま油をひき、豚肉を炒める。
3. 2に浅漬けを入れて炒め合わせ、しょうゆを加えて混ぜる。
4. 3に卵をまわし入れ、お好みの固さになったら火を止める。皿に盛り付け、かつお節をのせる。

いろいろ浅漬け アレンジ ❷

ぽりぽり 漬物納豆

調理時間 10分　保存期間 冷蔵庫：3日間

材料　2人分

いろいろ浅漬け … 50g
納豆 … 1パック
しょうゆ、みりん … 小さじ1
ごま油、ごま … 少々
（お好みで）
しそ、海苔 … 適量

作り方

1. 浅漬けと納豆、調味料を混ぜる。
2. 皿に盛り付け、ごまを振り、お好みでしそ、海苔を添える。

いろいろトマトのはちみつマリネ

調理時間 10分　**保存期間** 冷蔵庫：5日間

材料 2人分

お好みのトマト、数種類
（トマト、プチトマトなど）… 250〜300g
※1種類のトマトでも可。数種類入れると、漬かり方も違って見た目も楽しい。

A｜はちみつ … 大さじ1と½
　｜レモン汁 … 小さじ2
　｜オリーブオイル … 大さじ3
　｜塩 … ふたつまみ

作り方

1. トマトは大きいものはくし切り、小さいものは半分に切る。
2. アイラップにAを入れてよく混ぜ、1を入れて漬け込む。

いろどりナムル

調理時間 10分　保存期間 冷蔵庫：5日間

材料　2人分

にんじん、キャベツ、小松菜、もやし
　…（合わせて）300g
※野菜はお好みのもので◎。ほうれん草や大根、ナスやズッキーニなどもおいしい。
煎りごま … 適量
A ｜ ごま油 … 大さじ1
　｜ 鶏ガラスープの素（顆粒）… 小さじ1
　｜ にんにく … ½片
　｜ ※すりおろしの場合は、小さじ½
塩 … 少々

作り方

1. にんじん、キャベツは千切り、小松菜は4〜5cmの長さに切る。
2. アイラップホルダーにアイラップをセットし、1ともやしを入れる。
3. 電子レンジ（600W）で2分加熱し、粗熱が取れたら、袋をぎゅっと絞って余分な水分を捨てる。
4. 3にAを入れて、よくもみ込む。皿に盛り、仕上げに煎りごまをかける。

I WRAP RECIPE
副菜

超シンプルポテトサラダ

アイラップで電子レンジ調理するだけで、
簡単にほくほくなポテトサラダが作れます!

調理時間 **10分**

保存期間
冷凍庫:1ヶ月
冷蔵庫:5日間

I WRAP RECIPE 副菜

用意するもの

アイラップ 1枚

アイラップホルダー 1台

アイラップケース 1台
（水気の多いキッチンでの使用に便利）

材料 2人分

じゃがいも … 2〜3個（約250〜300g）
玉ねぎ … ¼個（50g）
酢 … 小さじ1〜2

（お好みで）
パセリ…適量

A｜マヨネーズ … 大さじ3
　｜塩 … 少々
　｜鶏ガラスープの素 … 小さじ1

作り方

1 下ごしらえをする

じゃがいもは皮をむいて一口大に、玉ねぎは薄切りにする。アイラップホルダーにアイラップをセットし、じゃがいもを入れる。

2 耐熱皿を敷いて、電子レンジで加熱する

1でアイラップに入れ、アイラップホルダーにセットしたじゃがいもを電子レンジ（600W）で2〜3分加熱する。

3 アイラップホルダーでつぶし、もみ込む

熱いうちに2をアイラップホルダーに入れたままつぶして酢と玉ねぎを加え、袋の上からもみ込んで混ぜる。粗熱が取れたらAを入れてもみ込み、味を調えて皿に盛り、お好みでパセリを散らす。

超シンプルポテトサラダ アレンジ ❶

明太ポテトグラタン

`調理時間` 10分　`保存期間` 冷凍庫：1ヶ月　冷蔵庫：5日間

材料 2人分

超シンプルポテトサラダ … 150g
明太子 … ½腹
牛乳 … 大さじ3
シュレッドチーズ … 50g
バター … 少々
しょうゆ … 少々

作り方

1. 明太子は皮を取り、中身をほぐす。ポテトサラダに牛乳を加えて混ぜる。
2. 耐熱容器にバターを薄く塗り、1で牛乳と混ぜたポテトサラダを入れる。
3. 明太子を2のところどころに置き、しょうゆをひとまわしする。
4. チーズをのせてトースターで焦げ目がつくまで焼く。

I WRAP RECIPE 副菜

超シンプルポテトサラダ アレンジ ❷

まぜまぜポテサラ

調理時間 10分　**保存期間** 冷凍庫：1ヶ月　冷蔵庫：3日間

材料　2人分

超シンプルポテトサラダ … 150g
にんじん … 40g
ブロッコリー … 50g
ベーコン（ブロック）… 40g
※なければ、スライスベーコンなどでも可
クリームチーズ … 40g
たくあん（厚めのもの）… 2枚
（お好みで）
フライドオニオン … 適量

作り方

1. にんじんを1cm角に切る。ブロッコリーは小さめの小房に分ける。
2. にんじんとブロッコリーをそれぞれ別のアイラップに入れ、耐熱皿にのせ電子レンジ（600W）で1分30秒加熱し、冷ます。
3. ベーコン、たくあん、クリームチーズを各1cm角に切る。
4. フライパンを中火で熱し、油をひかずにベーコンを焼き色がつくまで焼く。
5. 皿の真ん中にポテトサラダを置き、2、3、4を並べ、お好みでフライドオニオンをかける。食べるときに混ぜて食べる。

ブロッコリーの クリームチーズ和え

調理時間 10分　保存期間 冷凍庫：1ヶ月　冷蔵庫：3日間

材料 2人分

ブロッコリー … 100g
A クリームチーズ … 40g
　マヨネーズ … 大さじ1と1/2
　しょうゆ … 少々

作り方

1. ブロッコリーは小房に分け、さっと水にくぐらせる。
2. アイラップに1を入れ、電子レンジ(600W)で1〜1分30秒加熱する。
3. ボウルにAとブロッコリーを入れて和える。

I WRAP RECIPE 副菜

すき焼き風肉豆腐

調理時間 20分　保存期間 冷凍庫：1ヶ月　冷蔵庫：3日間

材料 2人分

- 牛薄切り肉 … 4枚（100g）
- 木綿豆腐 … 200g
- 玉ねぎ … ½個
- しらたき … 100g
- （お好みで）
- 一味唐辛子 … 適量
- A しょうゆ … 大さじ3
　　酒 … 大さじ3
　　みりん … 大さじ3
　　砂糖 … 20g

作り方

1. 牛肉は食べやすい大きさに切る。玉ねぎは繊維を断つように1cm幅で切る。木綿豆腐としらたきは、水気をよく切る。
2. アイラップにAを入れて砂糖をよく溶かし、1を入れる。空気を抜いて、袋の上のほうで結ぶ。
3. 鍋底に（袋がじかに当たらないよう）耐熱皿を沈めて沸騰させたお湯に袋を入れて中火で10〜15分湯せんする。
4. 皿に盛り、お好みで一味唐辛子をかける。

里芋の胡麻よごし

調理時間 10分　**保存期間** 冷凍庫：1ヶ月　冷蔵庫：5日間

材料 2人分

里芋 … 4個（250g）
A　すりごま（黒）… 大さじ1と½
　　砂糖 … 小さじ1
　　しょうゆ … 小さじ1

作り方

1. 里芋は洗って包丁で中央にぐるっと一周切り込みを入れ、アイラップに入れる。
2. 耐熱皿にのせて電子レンジ（600W）で4分ほど加熱する。
   ※加熱時間は里芋の大きさによって調整する。
3. 熱いうちに布巾などで包んで切り込みから里芋の皮をむき、袋に戻し入れ、アイラップホルダーにセットして粗めにつぶす。
4. 3にAを加えて和える。

ナスのねぎ黒酢がけ

調理時間 10分　保存期間 冷凍庫：1ヶ月　冷蔵庫：5日間

材料 2人分

ナス … 3本
長ねぎ … ¼本
にんにく … ½片
しょうが … ½片
A｜黒酢 … 大さじ1
　｜しょうゆ … 大さじ2
　｜ごま油 … 大さじ1
　｜水 … 大さじ1

作り方

1. 長ねぎ、にんにく、しょうがはみじん切りにする。
2. ナスはヘタを取り、楊枝などで数ヶ所穴をあけて、アイラップに入れる。電子レンジ(600W)で3分加熱し、袋ごと氷水につける。
3. Aと1を合わせてタレを作る。粗熱が取れたナスを割り、タレをかける。

自家製ツナ

調理時間 15分　**保存期間** 冷凍庫：1ヶ月　冷蔵庫：7日間

材料 1皿(3〜4人分)

マグロ(赤身)
  … 柵(150〜200g)
にんにく … 1片
塩 … 小さじ1
粒こしょう … 5粒
タイム、ローリエ … 各1枚
※なければ、お好みのハーブで◎
オリーブオイル … 大さじ3
(お好みで)
バゲット … 適量

作り方

1. マグロの両面に塩をまぶして10分ほどおき、出てきた水分を拭き取る。
2. にんにくを薄切りにする。
3. アイラップに1と2、残りの材料をすべて入れる。空気を抜いて袋の上のほうで結ぶ。
4. 鍋底に(袋がじかに当たらないよう)耐熱皿を沈めて沸騰させたお湯に袋を入れて中火で8〜10分湯せんする。
5. 皿に盛り、お好みでバゲットを添える。

キノコのアーリオオーリオ

調理時間 15分　**保存期間** 冷凍庫：1ヶ月　冷蔵庫：5日間

材料 2人分

- しめじ … ½(50g)パック
- しいたけ … 3枚
- えのき … 1パック(80g)
- まいたけ … 1パック(100g)
- にんにく … 1片
- 鷹の爪(輪切り) … 1本
- オリーブオイル … 大さじ4
- 塩 … 小さじ½
- (お好みで)
- パセリ … 適量

作り方

1. すべてのキノコ類の石突きを取り、しいたけは4等分、えのきは半分の長さに切る。しめじとまいたけはほぐす。
2. にんにくを薄切りにし、アイラップに入れ、1と鷹の爪、オリーブオイル、塩を加えて混ぜる。
3. 空気を抜いて、袋の上のほうで結ぶ。鍋底に(袋がじかに当たらないよう)耐熱皿を沈めて沸騰させたお湯に、中火で8〜10分湯せんする。袋が浮いてくるので途中でひっくり返す。
4. 皿に盛り、お好みでパセリを散らす。

しっとり茹で鶏

アイラップで湯せん調理するだけで、
しっとりと柔らかくてジューシーな茹で鶏が作れます!

調理時間
15分

保存期間
冷凍庫：1ヶ月
冷蔵庫：5日間

I WRAP RECIPE　メイン

用意したもの

アイラップ 1枚

アイラップケース 1台
（水気の多いキッチンでの使用に便利）

なんでもシート 1カット
（作業台の保護や、洗い物が軽減できる）

材料　1枚分

鶏肉（むね）… 1枚（300g）
塩（鶏肉の重量の1％）… 3g
酒 … 大さじ1
ねぎの青い部分 … 1本分

しょうが … 10g
（お好みで）
かぼす（くし切り）… 半分

作り方

1　下ごしらえをする

鶏肉は余分な脂を取り、均一な厚みの切り込みを入れてアイラップに入れる。塩と酒を加えて鶏肉をよくもみ込む。ねぎとしょうがを袋に入れ、空気を抜いて口まで袋をねじり、上のほうで結ぶ。

※鶏肉の脂を取るとき、まな板などの上になんでもシートを敷いてやると、においや色移りがしにくくなり、洗い物も軽減できる。

2　湯せんする

鍋底に（袋がじかに当たらないよう）耐熱皿を沈めて沸騰させたお湯に袋を入れて弱火で3分湯せんする。

3　余熱で調理する

火を止めてフタをして、余熱で鶏肉の中心まで火を通し、そのまま冷ます。食べやすい大きさに切ったら皿に盛り付け、お好みでかぼすを添える。

しっとり茹で鶏のアレンジレシピ ❶

茹で鶏の柑橘ねぎだれ

調理時間 10分　保存期間 冷凍庫：1ヶ月　冷蔵庫：5日間

材料 2人分

- しっとり茹で鶏 … 1枚
- お好みの柑橘（かぼす、すだち、レモンなど）… 1個
- 長ねぎ … 50g
- オリーブオイル … 大さじ3
- A
  - 酒 … 大さじ1
  - 塩 … 小さじ¼
  - 砂糖 … 小さじ¼
  - 鶏ガラスープの素（顆粒）… 小さじ⅓

作り方

1. 柑橘（本レシピではかぼすを使用）は数枚輪切りに切る。長ねぎはみじん切りにする。
2. ボウルにAと長ねぎを合わせて混ぜる。
3. 小さめのフライパンなどにオリーブオイルを温める。箸を入れて小さな泡が出るほどに温めたら、2のボウルに入れて混ぜる。
4. 食べやすい大きさに切った茹で鶏を皿に並べ、3をかけ、柑橘を搾る。輪切りにした柑橘を飾る。

しっとり茹で鶏のアレンジレシピ ❷

バンバンジー

調理時間 10分　**保存期間** 冷凍庫：1ヶ月　冷蔵庫：5日間

材料 2人分

しっとり茹で鶏 … 1枚
きゅうり … 1本
にんにく … ½片
しょうが … ½片
A　練りごま(白) … 20g
　　すりごま(白) … 大さじ ½
　　しょうゆ … 大さじ1
　　砂糖 … 大さじ1
　　酢 … 大さじ ½

作り方

1. きゅうりは千切りにする。にんにく、しょうがはみじん切りにする。茹で鶏は割いておく。
2. 小さめのボウルにAとにんにく、しょうがを合わせて混ぜる。
3. 皿にきゅうりと茹で鶏をのせ、2をかける。

こっくり鯖みそ

調理時間 15分　保存期間 冷凍庫：1ヶ月　冷蔵庫：5日間

材料　2人分

サバ … ½尾
しょうが … 15g
A　赤みそ … 大さじ1
　　※合わせみそを使う場合は、
　　みそ大さじ½、しょうゆ大さじ½にする。
　　砂糖 … 小さじ1
　　片栗粉 … 小さじ1
　　酒 … 大さじ1と½
　　水 … 70ml
（お好みで）
塩もみきゅうり … 適量

作り方

1. サバは半分に切り、皮目に切れ目を入れる。しょうがは5gをスライスし、残りをすりおろす。
2. アイラップにAを入れてよくもみ混ぜる。サバとしょうがのスライスを加えて軽くもみ、空気を抜き、口の上のほうで結ぶ。
3. 鍋底に（袋がじかに当たらないよう）耐熱皿を沈めて沸騰させたお湯に袋を入れて中火で10分湯せんする。
4. 皿に盛り付け、おろしたしょうがをのせる。お好みで、塩もみしたきゅうりを添える。

I WRAP RECIPE （メイン）

赤ワインの煮込みハンバーグ

調理時間 40分　保存期間 冷凍庫：1ヶ月　冷蔵庫：5日間

材料　2人分

牛豚合挽き肉 … 200g
玉ねぎ … 1/4個
しめじ … 1パック
A｜卵 … ½個
　｜パン粉 … 大さじ4
　｜牛乳 … 大さじ2
　｜塩 … 小さじ1/4
（ハンバーグソース）
B｜赤ワイン … 大さじ4
　｜水 … 大さじ3
　｜みりん … 大さじ1
　｜ケチャップ … 小さじ2
　｜ウスターソース
　｜（中濃ソースでも可）… 小さじ2
　｜しょうゆ … 小さじ1
　｜黒こしょう（粗挽き）… 少々

作り方

1. 玉ねぎはみじん切りにする。しめじは石突きを取り、小房に分ける。Bは合わせて混ぜておく。
2. アイラップに合挽き肉、玉ねぎ、Aを入れてよくもんで肉ダネを作る。
3. 袋の下のほうに肉ダネを寄せ、2等分にして平たい楕円に丸める。
4. 袋にBとしめじを入れ、空気を抜いて上のほうで結ぶ。鍋底に（袋がじかに当たらないよう）耐熱皿を沈めて沸騰させたお湯に、袋を入れて中火で30分湯せんする。

ローストビーフ

調理時間 30分　**保存期間** 冷凍庫：1ヶ月　冷蔵庫：5日間

材料　1本分

牛かたまり肉 … 300g
※ももなど、お好みの部位で◎
塩 … 小さじ½〜1
黒こしょう（粗挽き）… 適量
オリーブオイル … 大さじ1/2
（お好みで）
クレソン … 適量

作り方

1. 牛肉は塩と黒こしょうをまぶしつけ、もみ込む。
2. フライパンにオリーブオイルをひいて、1を転がしながら焼き色をつける。
3. 肉をアイラップに入れて空気を抜いて袋の上のほうで結ぶ。鍋底に（袋がじかに当たらないよう）耐熱皿を沈めて沸騰させたお湯に袋を入れる。
4. 沸騰したら火を止めて、フタをして20分ほど余熱で置く。
5. 食べやすい大きさに切ったら皿に盛り、お好みでクレソンを添える。

I WRAP RECIPE　メイン

ほったらかしチャーシュー

調理時間　4分　　保存期間　冷凍庫：1ヶ月　冷蔵庫：5日間

材料　2～3人分

豚かたまり肉 … 300g
※肩ロース、バラ、ももなど
お好みの部位で◎
しょうが … 10g
長ねぎ、水菜などお好みの野菜
（お好みにカットしたもの）… 適量
にんにく … 1片
卵 … 2～3個
A　しょうゆ … 大さじ5
　　酒 … 大さじ5
　　砂糖 … 大さじ3
　　オイスターソース … 小さじ2

作り方

1. 豚肉はひもで巻き、中火に熱したフライパンで転がしながら、焼き色がつくまで焼く。
※ひもで巻くことで形をきれいにできる。
2. しょうがとにんにくを薄切りにし、Aと一緒にアイラップに入れて砂糖を溶かす。
3. 肉を2に入れて空気を抜いて袋の上のほうで結ぶ。鍋に水を入れ、鍋底に（袋がじかに当たらないよう）耐熱皿を沈めて沸騰させたお湯に袋を入れて強火にかける。
4. 沸騰したら弱火にし、フタをずらして置いて30分湯せんする。
※沸騰したら卵を鍋に一緒に入れ、好みの固さまでゆで、さらに余ったチャーシューの煮汁に漬け込み、味付け卵を作る。
5. 食べやすい大きさに切ったら皿に盛り、味付け卵、お好みの野菜を添える。

ポッサム（韓国風茹で豚）

調理時間 40分　　**保存期間** 冷凍庫：1ヶ月　冷蔵庫：5日間

材料　2〜3人分

豚バラかたまり肉 … 300〜400g
塩 … 小さじ½
酒 … 大さじ2
にんにく … 2片
しょうが … 10g
（サムジャン）
A｜みそ … 大さじ1
　｜コチュジャン … 小さじ1
練りごま … 小さじ1
※なければ、すりごまで◎
砂糖 … 小さじ1
（お好みで）
葉野菜（しそ、サンチュなど）… 適量
※エゴマの葉も本格的で◎
キムチ、韓国海苔 … 適量

作り方

1. にんにくとしょうがは薄切りにする。豚肉に塩をまぶしつけ、よくもみ込む。
2. アイラップに豚肉と酒、にんにく、しょうがを入れてもみ込み、Aを混ぜてさらにもむ。
3. 空気を抜いて袋の上のほうで結ぶ。鍋底に（袋がじかに当たらないよう）耐熱皿て沸騰させたお湯袋を入れて強火にかける。
4. 沸騰したら弱火にし、フタをずらして置いて20〜30分湯せんする。
5. 食べやすい大きさに切ったら皿に盛り付け、お好みでしそやサンチュなどの葉野菜、キムチ、韓国海苔などを添える。

I WRAP RECIPE　メイン

ガリッと唐揚げ

調理時間 10分+α　**保存期間** 冷凍庫：1ヶ月　冷蔵庫：5日間

材料　2人分

鶏もも肉 … 1枚(300g)
A｜酒 … 大さじ1
　｜しょうゆ … 大さじ1
　｜しょうが … 1/2片
　｜にんにく … 1/2片
小麦粉、片栗粉、揚げ油 … 各適量

作り方

1. 鶏肉は余分な筋や脂を取り、大きめの一口大に切る。
2. アイラップにAと鶏肉を入れてよくもみ、30分以上置く。
3. 2に小麦粉を大さじ1程度入れ、よく混ぜる。
4. 鶏肉を取り出し、片栗粉をまぶして、170度の油で揚げる。

魚介のオイル煮

調理時間 10分　保存期間 冷凍庫：1ヶ月　冷蔵庫：3日間

材料 2人分

サーモン（刺身用）… 100g
ホタテ（刺身用）… 4個
エビ（赤エビなど生食用）… 2尾
にんにく … 1片
塩 … 小さじ½
タイム、ローリエ … 各1枚
※好みのハーブで◎（ドライでもOK）
オリーブオイル … 大さじ4
レモン（くし切り）… 適量

作り方

1. エビは背わたを取る。サーモン、ホタテに塩を振る。にんにくは薄切りにする。
2. アイラップに1とオリーブオイル、タイム、ローリエを入れる。
3. 空気を抜いて袋の上のほうで結ぶ。鍋底に（袋がじかに当たらないよう）耐熱皿を沈めて沸騰させたお湯に袋を入れて弱火で8分湯せんする。
4. 皿に3のオイルごと中身を盛り付け、レモンを搾る。

タンドリーチキン

調理時間 30分+α　保存期間 冷凍庫：1ヶ月　冷蔵庫：5日間

材料 2人分

鶏手羽元 … 6本
（お好みで）
パクチー … 適量
A ┃ プレーンヨーグルト … 50g
　┃ にんにく（すりおろし）… 1片分
　┃ しょうが（すりおろし）… 1片分
　┃ トマトケチャップ … 大さじ1と½
　┃ カレー粉 … 小さじ1
　┃ オリーブオイル … 小さじ1
　┃ 塩 … 小さじ1/3

作り方

1. 鶏肉はフォークなどで刺して穴をあける。
2. アイラップにAを入れてよく混ぜ、鶏肉を入れてよくもみ込み寝かせる。
   ※できれば一晩置くと味が染み込み、なおよい。
3. オーブンは220度に温めておく。2の肉を取り出し、オーブンシートを敷いた天板に並べて15分ほど焼く。
   ※このとき、漬け込みダレはついている状態でよい。
4. 皿に盛り付け、お好みでパクチーをちぎって散らす。

主食

中華おこわ

調理時間 10分　**保存期間**　冷凍庫：1ヶ月　冷蔵庫：5日間

材料　2人分

白米 … ½合
もち米 … ½合
※白米ともち米半量ずつでも◎
水 … 90ml
鶏もも肉 … 100g
酒 … 大さじ½
しょうゆ … 大さじ½
にんじん … 40g
長ねぎ … 20g
しいたけ … 2個
（お好みで）
干しエビ … 小さじ1
A　ごま油 … 小さじ2
　　オイスターソース … 小さじ1
　　みりん … 大さじ½
　　鶏ガラスープの素（顆粒）… 小さじ½

作り方

1. 白米ともち米をさっと洗い、アイラップに水と一緒に入れ、30分ほど置く。
2. 鶏肉は2cmほどに切り、酒としょうゆを混ぜておく。
3. にんじんは細切り、しいたけは薄切りにし、長ねぎ、干しエビはみじん切りにする。
4. 1に2と3、Aを入れ、空気を抜いて袋の上のほうで結ぶ。鍋底に（袋がじかに当たらないよう）耐熱皿を沈め沸騰させたお湯に袋を入れて30分ほど湯せんする。

I WRAP RECIPE 主食

バターチキンカレー

調理時間 40分+α 保存期間 冷凍庫：1ヶ月　冷蔵庫：5日間

材料 2人分

鶏もも肉 … 1枚(300g)
玉ねぎ … ½個
牛乳 … 大さじ4
バター … 20g
A │ ヨーグルト(無糖) … 100g
　│ にんにく … 5g
　│ しょうが … 5g
　│ カレー粉 … 大さじ2
　│ カットトマト … 1缶(400g)
B │ 鶏ガラスープの素(顆粒) … 小さじ1
　│ ケチャップ … 大さじ1
　│ 塩 … 小さじ½
(ターメリックライス)
米 … 1合
水 … 200ml
ターメリック … 小さじ½
塩 … 少々

作り方

1. 米は洗ってアイラップに入れ、水、ターメリック、塩を入れて30分ほど置く。
2. 鶏肉は一口大に切る。玉ねぎはみじん切りにする。にんにくとしょうがをすりおろす。
3. 新しいアイラップに鶏肉と玉ねぎ、Aを入れてもみ込み、20分ほど置く。
4. 3の袋にBを入れ、もみ込んで混ぜ合わせる。
5. 1と4の袋の空気を抜いて上のほうで結ぶ。鍋底に(袋がじかに当たらないよう)耐熱皿を沈め沸騰させたお湯に袋を入れて25〜30分湯せんする。
6. 5のカレーの袋を取り出し、牛乳とバターを加えて混ぜ、1の袋のターメリックライスとともに皿に盛り付ける。

チキンライス ゆで卵のせ

調理時間 50分　保存期間 冷凍庫：1ヶ月　冷蔵庫：5日間

材料 2人分

- 鶏もも肉 … ½枚(150g)
- 玉ねぎ … ¼個
- にんじん … ¼本
- パセリ … 少々
- 卵 … 2個
- 米 … 1合
- 水 … 200ml
- A
  - コンソメ(顆粒) … 小さじ1
  - トマトケチャップ … 大さじ3
  - バター … 10g

作り方

1. 米は洗ってアイラップに入れ、水を入れて30分ほど置く。
2. 鶏肉は1cmほどに切り、玉ねぎ、にんじんはみじん切りにする。
3. 1の袋に2とAを入れ、空気を抜いて袋の上のほうで結ぶ。鍋底に(袋がじかに当たらないよう)耐熱皿を沈め沸騰させたお湯に袋を入れて25〜30分湯せんする。卵も鍋に入れ、8〜10分(好みの固さに)で取り出し、ゆで卵を作る。
4. 皿に盛り付け、ゆで卵をのせる。刻んだパセリをかける。

I WRAP RECIPE 主食

ベーコンアラビアータ

調理時間 20分　保存期間 冷凍庫：1ヶ月　冷蔵庫：3日間

材料 2人分

- スパゲッティーニ … 160g
- ベーコン … 60g
- にんにく … 2片
- 鷹の爪（輪切り） … 1本
- カットトマト … 1缶(400g)
- 塩 … 小さじ1/2
- オリーブオイル … 小さじ2

作り方

1. ベーコンは1cm幅に切る。にんにくはみじん切りにする。
2. アイラップに1とカットトマト、塩を入れ、空気を抜いて袋の上のほうで結ぶ。
3. 新しいアイラップを2枚用意する。スパゲッティーニを半分に折り、1人分ずつをオリーブオイルと一緒にアイラップに入れ、さらにスパゲッティーニが浸るほどの水を入れ、空気を抜いて袋の上のほうで結ぶ。
4. 鍋に湯を沸かし、鍋底に（袋がじかに当たらないよう）耐熱皿を沈めて沸騰させたお湯に2と3の袋を入れ、スパゲッティーニの袋は表示どおりのゆで時間、ソースの袋は10分ほどゆでる。
5. ソースのほうの袋の口を開け、袋から出してお湯を切ったスパゲッティーニを入れて混ぜる。皿に盛り付ける。

かぼちゃ餅

[調理時間] 15分　[保存期間] 冷凍庫：1ヶ月　冷蔵庫：3日間

材料　2人分

かぼちゃ … 250g
A | 片栗粉 … 大さじ3
　| 砂糖 … 大さじ1と½
　| 塩 … 少々
　| 牛乳 … 大さじ1
B | すりごま（黒）… 大さじ4
　| 砂糖 … 大さじ2
（お好みで）
クコの実 … 少々

作り方

1. かぼちゃは皮をむき、一口大に切って水にくぐらせる。アイラップをアイラップホルダーにセットしてかぼちゃを入れ、柔らかくなるまで電子レンジ（600W）で5分ほど加熱する。
2. かぼちゃをアイラップホルダーでつぶし、Aを加えてもみ込み混ぜる。
3. 袋の中でかぼちゃを寄せて、形を棒状に整える。
4. 再び電子レンジ（600W）で2分、裏返して2分加熱する。
5. 4の粗熱が取れたら袋から出し、Bを表面にまぶしつけ、切り分ける。皿に盛り付け、お好みでクコの実をのせる。

I WRAP RECIPE デザート

フローズンヨーグルトみかん

調理時間 5分+α　保存期間 冷凍庫：1ヶ月

材料 2〜3人分

水切りヨーグルト（無糖）… 200g
生クリーム … 70ml
砂糖 … 40g
みかん缶詰（果肉のみ）… 100g

作り方

1. みかん以外の材料をアイラップに入れ、もみ込んで混ぜ合わせ、砂糖をよく溶かす。
2. 1にみかんを加えて混ぜ、袋の空気を抜いて上のほうで口を結ぶ。袋に入れた状態でバットなどに平らにならし、空気を抜いて袋の口を結び、冷凍庫で2時間ほど冷やし固める。
3. 袋の上からもんで適度な大きさに崩し割り、皿に盛り付ける。

チョコチビスコーン

`調理時間` 20分　`保存期間` 冷凍庫：1ヶ月　冷蔵庫：7日間

`材 料` 2人分

バター … 50g
卵 … 1個
牛乳 … 70ml
チョコチップ … 70g
A｜小麦粉 … 220g
　｜ベーキングパウダー … 小さじ2
　｜砂糖 … 25g

`作り方`

1. オーブンを180度に予熱しておく。
2. バターを1cm角に切る。アイラップにAを入れ、バターを加えて袋の中で混ぜる。バターを手ですりつぶすように粉にもみ込んで混ぜる。
3. 2が混ざったら、卵と牛乳を加えて生地をまとめるようにもみ混ぜる。途中でチョコチップも加えて混ぜる。
※卵と牛乳を混ぜるタイミングは、2が粉チーズのようにパラパラと混ざり合った状態が目安。
4. 生地がまとまったら、オーブンシートを敷いた天板にスプーンですくって置き、表面を牛乳で塗って15分焼く。

I WRAP RECIPE デザート

アイラップリン

調理時間 30分　**保存期間** 冷凍庫：1ヶ月　冷蔵庫：5日間

材料 2個分

卵 … 2個
卵黄 … 2個
牛乳 … 200ml
砂糖 … 大さじ2
メープルシロップ … 適量
（お好みで）
さくらんぼ … 2個

作り方

1. アイラップを2枚用意する。1枚につき、1人分の材料の卵、卵黄、牛乳、砂糖を入れてよくもみ込み、袋の空気を抜いて口を結ぶ。
※袋を結ぶ位置は、上部でなくてよい。
2. 鍋底に（袋がじかに当たらないよう）耐熱皿を沈めて沸騰させたお湯に袋を入れる。火を止めてフタをし、20分ほど置く。
3. 粗熱が取れたら、冷蔵庫で冷やす。
4. 器に盛り付け、メープルシロップをかけ、お好みでさくらんぼをのせる。

PART 2
食材別 INDEX

肉・肉加工品

[鶏肉]
しっとり茹で鶏 106
茹で鶏の柑橘ねぎだれ 108
バンバンジー 109
ガリっと唐揚げ 115
タンドリーチキン 117
中華おこわ 118
バターチキンカレー 119
チキンライス ゆで卵のせ 120

[豚肉]
豚肉のお漬物炒め 092
赤ワインの煮込みハンバーグ 111
ほったらかしチャーシュー 113
ポッサム（韓国風茹で豚） 114

[牛肉]
すき焼き風肉豆腐 101
赤ワインの煮込みハンバーグ 111
ローストビーフ 112

[肉加工品]
まぜまぜポテサラ 099
ベーコンアラビアータ 121

魚介類・魚介加工品

豚肉のお漬物炒め（かつお節） 092
明太ポテトグラタン（明太子） 098
自家製ツナ（マグロ） 104
こっくり鯖みそ（サバ） 110
魚介のオイル煮
（サーモン／ホタテ／エビ） 116
中華おこわ（干しエビ） 118

卵・大豆製品

[卵]
豚肉のお漬物炒め 092
ほったらかしチャーシュー 113
チキンライス ゆで卵のせ 120
チョコチビスコーン 124
アイラップリン 125

[大豆]
ぽりぽり 漬物納豆 093
すき焼き風肉豆腐 101
こっくり鯖みそ（みそ） 110
ポッサム
（韓国風茹で豚）（みそ） 114

ごま類

ぽりぽり 漬物納豆 093
いろどりナムル 095
里芋の胡麻よごし 102
バンバンジー 109
ポッサム（韓国風茹で豚） 114
かぼちゃ餅 122

野菜

[かぼちゃ]
かぼちゃ餅 122

[きゅうり]
いろいろ浅漬け 090
豚肉のお漬物炒め 092
ぽりぽり 漬物納豆 093
バンバンジー 109
こっくり鯖みそ 110

[キャベツ]
いろどりナムル 095

[小松菜]
いろどりナムル 095

[里芋]
里芋の胡麻よごし 102

[じゃがいも]
超シンプルポテトサラダ 096
明太ポテトグラタン 098
まぜまぜポテサラ 099

[セロリ]
いろいろ浅漬け 090
豚肉のお漬物炒め 092
ぽりぽり 漬物納豆 093

[ナス]
ナスのねぎ黒酢がけ 103

[玉ねぎ]
超シンプルポテトサラダ 096
明太ポテトグラタン 098
まぜまぜポテサラ 099
すき焼き風肉豆腐 101
赤ワインの煮込みハンバーグ 111
バターチキンカレー 119
チキンライス ゆで卵のせ 120

[ブロッコリー]
まぜまぜポテサラ 099
ブロッコリーの
クリームチーズ和え 100

[トマト]
いろいろトマトの
はちみつマリネ 094
バターチキンカレー 119
ベーコンアラビアータ 121

[にんじん]
いろいろ浅漬け 090
豚肉のお漬物炒め 092

ぽりぽり 漬物納豆 093
いろどりナムル 095
まぜまぜポテサラ 099
中華おこわ 118
チキンライス ゆで卵のせ 120

[ねぎ]
ナスのねぎ黒酢がけ 103
しっとり茹で鶏 106
茹で鶏の柑橘ねぎだれ 108
ほったらかしチャーシュー 113
中華おこわ 118

[白菜]
いろいろ浅漬け 090
豚肉のお漬物炒め 092
ぽりぽり 漬物納豆 093
ポッサム
（韓国風茹で豚）（キムチ） 114

[もやし]
いろどりナムル 095

[みょうが]
いろいろ浅漬け 090
豚肉のお漬物炒め 092
ぽりぽり 漬物納豆 093

[ラディッシュ]
いろいろ浅漬け 090
豚肉のお漬物炒め 092
ぽりぽり 漬物納豆 093

きのこ

キノコのアーリオオーリオ 105
赤ワインの煮込みハンバーグ 111
中華おこわ 118

果物

しっとり茹で鶏（かぼす） 106
茹で鶏の柑橘ねぎだれ
（お好みの柑橘） 108
魚介のオイル煮（レモン） 116
フローズンヨーグルトみかん
（みかん） 123
アイラップリン（さくらんぼ） 125

乳・乳製品

明太ポテトグラタン 098
まぜまぜポテサラ 099
ブロッコリーの
クリームチーズ和え 100
赤ワインの煮込みハンバーグ 111
バターチキンカレー 119
かぼちゃ餅 122
フローズンヨーグルトみかん 123
チョコチビスコーン 124
アイラップリン 125

おわりに

　みなさん、いかがでしたか？
　この本では、アイラップの4つの基本的な使い方、冷蔵・冷凍、保存、電子レンジ調理や湯せん調理を軸にして、日常のあらゆる場面や災害時などにも役立つたくさんのテクニック、アイラップだからこそおいしく・楽しく調理できるレシピを紹介しました。
　「おわりに」まで、くまなく読んでいただいている、アイラップの熱烈なファンであるあなたのために、とても大切な、「アイラップ」の名前の由来をお伝えしたいと思います。
　1976年に誕生した岩谷マテリアル社のアイラップ。
　「アイ（I）」は"岩谷"の"I"から、ラップは"包む"からとったとのこと。シンプルでとても素敵ですよね。
　この本を手に取ってくださったみなさんの、アイラップライフがより充実した、楽しく豊かなものであることを願って。
　これからも、一緒にアイラップを探求していきましょう！

アイラップ愛好会

【取材協力】
岩谷マテリアル株式会社

【商品に関するお問合せ先】
岩谷マテリアル株式会社 お客様相談室
TEL. 03-3555-3214

【レシピに関するお問合せ先】
山と溪谷社
TEL. 03-6744-1900（代表）

【ブックデザイン】
三浦逸平（miura design office）

【イラスト】
大木貴子

【撮影】
原田真理

【PART 2 調理・レシピ考案】
しらいしやすこ

【校閲】
戸羽一郎

【執筆協力】
角田陽一

【編集】
渡辺有祐、谷野真理子（フィグインク）
五十嵐雅人（山と溪谷社）

©2025 Yama Kei Publishers Co., Ltd. All rights reserved.
Printed in Japan
ISBN978-4-635-45088-1

アイラップのトリセツ

2025年4月15日 初版第1刷発行

著者　アイラップ愛好会

発行人　川崎深雪

発行所　株式会社 山と溪谷社
〒101-0051
東京都千代田区神田神保町1丁目105番地
https://www.yamakei.co.jp

印刷・製本　株式会社光邦

●乱丁・落丁、及び内容に関するお問合せ先
山と溪谷社自動応答サービス
TEL.03-6744-1900
受付時間／11:00～16:00（土日、祝日を除く）
メールもご利用ください。
【乱丁・落丁】service@yamakei.co.jp
【内容】info@yamakei.co.jp

●書店・取次様からのご注文先
山と溪谷社受注センター
TEL.048-458-3455　FAX.048-421-0513

●書店・取次様からのご注文以外のお問合せ先
eigyo@yamakei.co.jp

＊定価はカバーに表示してあります。
＊乱丁・落丁本は送料小社負担でお取り換えいたします。
＊本書の一部あるいは全部を無断で複写、転写することは、著作権者及び発行所の権利の侵害となります。あらかじめ小社までご連絡ください。